KB264446

웃을 준비가 되어있는 ＿＿＿＿＿＿＿＿님께 드립니다.

20    년    월    일

삶을 역전시키는 창의성 유머

# 삶을 역전시키는 창의성 유머

| 김종석 지음 |

모아북스
MOABOOKS

'내가 왜 유머 책을 읽어야 하지?'

이런 생각을 하는 당신! 그렇다면 이 책을 꼭 읽어야 한다.

# 제6장 | 마음의 문을 열어주는 유머의 테크닉

**【실수를 극복하기위한 어록】** • 222

# 마음을 움직이는 창의성 멘트

내게 물건을 팔려고 하지 말아요.
대신 꿈과 느낌과 자부심과 일상생활의 행복을 팔아주세요.
제발 내게 물건을 팔려고 하지 마세요.

내게 책을 팔려구요?
아니에요, 대신 즐거운 시간과 유익한 지식을 팔아주세요.

내게 옷을 팔려고 하지 마세요.
대신 날카로운 인상, 멋진 스타일, 그리고 매혹적인 외모를 팔
아주세요.

내게 보험 상품을 팔려고 하지 말아요.
대신 마음의 평화와 내 가족과 나를 위한, 위대한 미래를 팔아
주세요.

내게 집을 팔 생각은 말아요.
대신 안락함과 만족, 그리고 되팔 때의 이익과 소유함으로써
얻을 수 있는 자부심을 팔아주세요.

내게 장난감을 팔려고 하지 말아요.
그 대신 내 아이들에게 즐거운 순간을 팔아주세요.

내게 컴퓨터를 팔 생각은 하지 말아요.
대신 기적 같은 기술이 줄 수 있는 즐거움과 이익을 팔아주세요.

내겐 타이어를 팔려고 하지 마세요.
대신 기름 덜 들이고 걱정으로부터 쉽게 벗어날 수 있는 자유
를 팔아주세요.

내게 비행기 티켓을 팔려고 하지 말아요.
대신 내 목적지에 빠-르고 안전하게, 그리고 정시에 도착할 수
있다는 약속을 팔아주세요.

내게 유머와 지혜를 선물로 준다 하세요.
말아요. 여러분께 삶의 지혜와 유머를 선물해 드릴게요.


마이클 르뵈프(Michael LeBoeuf)를 좋아하는

저자 김종석

# 당신은 얼마나 유머러스한 사람인가?

윌리엄 프라이 박사는 40년간 미국 스탠포드 의대에서 웃음과 건강의 관계를 연구한 웃음 전문가다. 그의 연구에 의하면 20분 동안 웃는 것은 3분 동안 격렬하게 노를 젓는 것과 운동량이 비슷하다고 했다. 또한 잘 웃기 위해선 스스로 유머감각을 계발시켜야 한다고 조언했다. 유머 감각을 계발하기 위해선 먼저 자신이 하루에 몇 번이나 웃는지, 사람들과 대화에서 어떤 유머를 사용하는지, 그리고 어떤 유머에서 가장 잘 웃게 되는지를 유심히 살펴보라고 한다.

그런데 이렇게 자신을 잘 관찰해보는 사람이 얼마나 될까? 사실 관찰해봐도 정확한 판단을 내리기 쉽지 않다. 사람들은 자신을 객관적으로 보기 보다는 합리화시키거나 비관적으로 보려는 경향이 크기 때문이다.

자, 여기 당신의 유머 감각과 재능을 알아보기 우해 유머지수 (HQ : Humor Quotient) 체크리스트를 준비했다. 조금의 거리낌도 없이 당당하게 체크해주기 바란다. 혹시 점수가 못 나와도 괜찮다. 문제를 아는 것으로도 얼마나 다행인가. 이제부터 유머 감각을 계발하면 된다. 지금부터 시작하자.

# 나의 유머지수(HQ)는 얼마일까?

1. 모임이나 일상 속에서 유머를 10개 이상 구사할 수 있다 ☐
2. 회의 시간에 원칙만 내세우고 사장님 지시라며 열 올린다 ☐
3. 인터넷에서 유머 코너를 즐겨 본다 ☐
4. 내가 망가지는 것을 개의치 않는다 ☐
5. 나의 실수를 웃음으로 넘길 수 있다 ☐
6. 직장에서도 잘 웃는 편이다 ☐
7. 남의 실수도 웃음으로 웃어넘길 수 있다 ☐
8. 규칙만 따르면 된다는 사고를 갖고 있다 ☐
9. 나 때문에 남이 즐거워하는 것이 즐겁다 ☐
10. 소리 내어 크게 웃는 편이다 ☐
11. 유머가 좋은 관계를 빚어낸다고 믿는다 ☐
12. 분위기를 바꾸기 위해 유머를 적극 활용한다 ☐
13. 거울을 보며 표정 연습을 할 때가 있다 ☐
14. 언제든 써먹을 수 있는 유머가 3개 정도 있다 ☐
15. 사람들이 재미를 느끼려고 나를 찾는다 ☐
16. 유머를 생각하며 혼자 웃을 때가 있다 ☐
17. 분위기를 리드하는 편이다 ☐
18. 기분을 상하게 하는 유머는 사용하지 않는다 ☐
19. 상사의 말에는 언제나 예스맨이다 ☐
20. 나는 웃는 얼굴이 어울린다 ☐
21. 집안에 유머 책이 한 권 이상 있다 ☐
22. 최악의 상황에도 희망은 있다고 믿는다 ☐
23. 웃음으로 누군가의 기분을 바꾸어준 일이 있다 ☐
24. 웃음에 관한 격언을 세 가지 이상 말할 수 있다 ☐
25. 하루에 세 번 이상 웃는다 ☐

## 결과 해석

### 20점 이상

당신은 항상 유머를 즐기며 웃으며 사는 '유머 우등생'이다. 아마 당신은 주변 사람들에게 인기도 많고, 이성에겐 킹카나 퀸카로 꽤 많은 찜을 당했을 것이다. 이대로 노력하면 훌륭한 유머리스트가 될 가능성이 높다.

### 15~20점

당신은 '잠재된 유머 화산형'이다. 당신의 머릿속과 가슴속에는 엄청난 유머력이 꿈틀더고 있다. 약간의 노력과 용기만 내면 유머를 통해 한층 업그레이드된 멋진 인생을 보낼 수 있다 그러기 위해 지금보다 더 많이 웃고 조금 더 유머력을 키우기 위해 노력해보자. 화이팅!!!

### 7~15점

음… 당신은 자신이 보기에도 무뚝뚝한 편이고 남들 보기에도 근엄하고 재미없는 사람일 수 있다. 그러나 절대 좌절하거나 포기해서는 안 된다. 어쩌면 당신은 유머의 필요성을 몰랐거나 자신과 어울리지 않다고 생각했을 수 있다. 이제부터 그런 생각은 싹 버리자. 지금까지 어떤 사람이었나는 별로 중요하지 않다. 지금부터 유머리스트를 목표로 적극적으로 노력하면 된다.

### 6점 이하

혹시 집안에 우환이 있거나 건강에 이상이 생겼는가? 아니면 웃음은 경박이요, 유머는 말장난이라는 시대착오적인 생각에 사로잡혀 있는 건 아닌가? 웬만한 유머로는 절대로 당신을 웃길 수 없는 철가면을 쓰고 있는 건 아닌지 몹시 궁금해진다.

그렇게 안 웃고 시니컬한 표정만 고수하면 자칫 인간이 아닌 동물이 될 수 있다. 당신을 위해 웃음의 100가지 효과와 유머의 1000가지 위력을 일일이 말해주고 싶지만, 지면 관계상 참기로 한다. 그 대신 이 책을 끝까지 다 읽기를 당부드린다.

21세기에 유머는 선택이 아니라 필수다. 당신의 가슴 깊은 곳에 잠자고 있는 유머력을 일깨워라. 이 책을 열심히 읽으면서 다양한 방법을 생각해보고 유머 마인드를 키우기를 진심으로 바란다.

# 웃는 모습을 보면 그 사람을 알 수 있다

활짝 웃는 사람

솔직하고 진실하며 열정적이다.

웃음을 멈추지 못하는 사람

명랑하고 활발한 성격으로 자신의 감정을 감추지 않는 사람이다.

눈물을 흘리며 웃는 사람

감정이 풍부한 사람으로 동정심과 애정이 넘친다.

온몸으로 웃는 사람

솔직하고 진실하게 남을 대한다.

웃음소리가 지나치게 큰 사람

자신을 표현하기 좋아하는 사람으로 떠벌리기 좋아한다.

웃을 때 완전히 다른 사람이 되는 사람

사람들과 친근하게 지내고 싶지만 신중한 성격이다.

항상 미소를 짓는 사람

내성적이고 부끄러움이 많고 이성적인 사람이다.

이가 보이도록 웃는 여자

전형적인 낙천파로 활발하고 명랑한 성격의 소유자다.

웃음소리가 끊어졌다 이어졌다 하는 사람

좀 냉정한 사람이다.

조심스럽게 몰래 웃는 사람

냉정한 사람으로 자기 보호 의식이 강하고 생각이 깊다.

손으로 입을 가리고 웃는 사람

내성적인 성격으로 부끄러움을 많이 타고 따뜻한 사람이다.

# 제1장

## 유머는 왜
## 창의적이어야 할까?

_1t의 생각보다는 1g의 실천이 중요하다.
 에디슨은 1%의 영감과 99%의 노력으로 이루어져 있다고 했는데,
 옆집 할머니는 1%의 자기 영감과 99%의 딴 영감으로 이루어졌다고
 했다가 쫓겨났다고 한다.

_세상에 없는 게 세 가지가 있다. '공짜' 와 '우연' 과 '마음먹어도
 안 되는 것' 이다.

• 스스로에게 물어보라. "난 지금 무언가를 변화시킬 준비가 되었는가?"
   - 잭 캔필드
• 당신 자신을 믿어라. 그러면 그 무엇도 당신을 막지 못할 것이다. - 에밀리 과이
• "난 못 해" 라는 말은 아무것도 이루지 못하지만, "해볼 거야" 라는 말은
   기적을 만들어낸다.  -조지 P. 번햄
• 실패가 증명하는 사실은 한 가지뿐이다. 즉 성공하겠다는 의지가 충분히
   강하지 못했다는 점이다. - 존 크리스티안 보브스
• 지금 당신이 서 있는 곳은 당신의 생각이 이끌어준 곳이다. 내일도 당신은
   당신의 생각이 이끄는 곳에 서 있을 것이다. - 제임스 앨런
• 가장 위대한 발견은 '인간은 마음가짐을 바꿈으로써 인생을 바꿀 수 있다' 는
   것이다. - 윌리엄 제임스
• 무엇을 하든 훌륭한 사람이 돼라. - 에이브러햄 링컨
• 그대가 서 있는 곳에서, 그대가 가진 것으로, 그대가 할 수 있는 최선의 일을
   하라. - 루스벨트
• 인간의 눈은 그의 현재를 말하며, 입은 그가 앞으로 될 것을 말한다. - 골즈워디

# 01

# 유머는 창의성으로 소통한다

요즘 들어 기업에서 유머 강연 요청이 셀 수없이 들어온다. 기업 뿐만 아니라 정부 조직이나 학교에서도 강연 요청을 많이 받는데 가는 곳마다 이런 질문을 받는다.

"김 종석 교수님, 유머를 하면 뭐가 좋아지는 거지요? 이게 정말 기업 매출에 도움이 되나요?"

이런 질문을 받을 때마다 나는 이렇게 대답한다.

"봄에 씨앗을 뿌리기 위해서는 겨우내 굳어있던 밭을 갈아엎어야 하지요? 그렇듯이 사람들의 딱딱하게 굳어진 마음과 생각도 갈아엎어줘야 합니다. 그래야 신선한 바람이 들어가서 활기가 돌고 아이디어가 마구 생기지요. 바로 웃음이 신선한 바람이고, 유머는 바람이 잘 들어가게 만드는 쟁기질 같은 겁니다.”

오래 전부터 신입사원 채용에서 유머를 중요하게 여긴 회사가 있었다. 바로 미국의 사우스웨스트 항공이다. 이 회사에 대해서는 워낙 재밌는 얘깃거리도 많고 신기록도 많기 때문에 책 한 권을 써도 모자랄 것이다. 한 예를 들어보자.

“오늘 비행기에 탈 때 가슴이 두근두근한 손님 계시면 손들어 보세요. 제가 그랬습니다. 왜냐면 처녀비행이거든요. 곧 라스베이거스로 날아갈 예정인데, 도박하고 싶으신 분은 뛰어내리세요. 생존할 확률이나 도박으로 딸 확률은 같으니까요.”

“안녕하십니까. 저희는 달라스를 출발했습니다. 날씨는 따뜻하고, 태양은 빛나고, 새가 지저귀고 있습니다. 이제 저희는 샬롯으로 향하고 있는데, 그곳은 어둡고, 바람 불고, 비가 내리고 있습니다. 저는 여러분 모두가 왜 그런 곳에 가시려 하는지 잘 모르겠습니다.”

“여러분들의 의자 쿠션은 물에 뜨도록 되어 있습니다. 물 위에 비상 착륙하게 되면 저희가 드리는 선물로 알고 가져가시기 바랍니다.”

“비행기에서 내리실 때는 여러분의 소지품을 빠짐없이 챙기시기 바랍니다. 두고 가시지 않는 물건은 몽땅 우리 승무원들끼리 나눠 가질 겁니다. 그러나 어린아이나 배우자는 사양하겠습니다.

앗! 이 말을 하는 순간 아빠가 비행기에서 떨어졌다는 긴급 속보입니다. 승객 여러분 안심하십시오. 그 아빠가 멀쩡하게 살아 있답니다.

이유는? 기러기 아빠라서.

어? 이번엔 엄마가 비행기에서 떨어졌다는군요. 아~ 역시 멀쩡하게 무사하다고 합니다. 그런데 '새엄마' 라는군요. 아~, 마지막으로 아들도 떨어졌는데 '비행청소년' 이라서 멀쩡하게 살아있다는군요."

"에유, 딸이 또 떨어졌는데……"

"살았습니다!"

"날라리라. ㅋㅋ."

또 한 예를 살펴보면,

"비행 중에 흡연을 원하시는 분들은 저희가 마련한 흡연 장소에서 피우시면 됩니다. 비행기 밖으로 나가시면 비행기 양 날개가 있을 것입니다. 그리고 담배를 피우시는 분들을 위해 영화 〈바람과 함께 사라지다〉를 상영해드립니다."

세계 여러 나라의 항공사 중에서 이런 엽기적인 금연 멘트를 하는 회사는 사우스웨스트 항공 밖에 없다. 이것만 봐도 알겠지만, 유머를 최고의 가치로 여기는 이 회사 승무원들은 다른 항공회사들이 제시하는 안전과 편안함이란 서비스 외에도 즐거움이란 서비스를 위해서도 노력한다. 그래서 승객들을 놀래주려고 승객들이 다 탈 때까지 선반에 숨어 있다가 갑자기 나타나는 수고까지 기꺼이 자청한다. 기장의 엽기적인 안내 멘트도 이 항공사를 이용하는 승객들에게 기대감을 갖게 해주는 또 하나의 즐거움이다.

이런 멘트를 듣고 무례하다며 인상 찌푸릴 승객이 있을까? 아마 대부분의 승객들은 자신도 모르게 킥킥 소리를 내며 웃고 말 것이다. 그런데 예의범절 깍듯한 서비스를 지향하는 항공사에서 어떻게 이런 장난스러운 멘트와 유머가 가능할 수 있었을까?

그것은 사우스웨스트 항공사의 공동창업주인 허브 켈러허 회장의 창의성 유머의 힘을 중시하는 경영 마인드 때문이었다.

### ■■■ 골프와 자식의 공통점

한번 인연을 맺으면 죽을 때까지 끊을 수 없다.
언제나 똑바른 길로 가길 염원한다.
끝까지 눈을 떼지 말아야 한다.
안 될수록 패지 말고 띄워줘야 한다.
잘못 때리면 다른 길로 빠져나가 비뚤어지기 십상이다.
남들에게 자랑할 때 '뻥'이 좀 들어간다.
같은 뱃속(회사)에서 나왔는데 성격은 모두 다르다.
비싼 과외(레슨)를 해도 안 될 때가 있다.

## ■■■ 골프와 술의 공통점

새벽달을 자주 본다.
멤버가 좋아야 맛이 난다.
회사마다 전담 상무가 있다.
성격 나오게 만든다.
자주 빠지면 '왕따' 당한다.
샷을 외쳐댄다.(원샷 - 굿샷)
조절하기 어렵다.(주량 - 핸디)
와이프랑 함께하면 후환이 없다.


### 21세기의 성공비결은 창의력!!!

지난 20세기의 성공비결은 무엇이었을까? 모르긴 몰라도 하루하루를 충실히 보내는 근면과 성실이 최고였다. 이런 사람들이 시집 장가도 잘 가고, 자식 잘 키우고, 집도 사고, 성공도 했다.

하지만 지식정보화 시대인 21세기는 다르다. 단연 창의력이 강력한 성공 비결로 꼽히고 있다. 아무리 부지런하고 착실해도 이 창의력이 부족하면 성공하기 힘들다. 그래서 요즘은 어릴 때부터 아이들에게 창의력 교육을 시킬 정도로 'CQ' 가 'IQ' 와 더불어 중요한 능력으로 인정받는다. 그렇다면 대체 창의력이란 무엇일까?

창의력은 4가지 능력이 합쳐서 만들어진다.


1. 좋은 아이디어를 재빨리 많이 생각해내는 유창성

2. 어떤 문제에 부딪쳤을 때 다양한 각도에서 바라보고 보다 나은 방법들을
   찾아내는 유연성

3. 사고방식이나 아이디어를 구체적으로 발전시키는 정교성

4. 다른 아이가 생각하지 못한 독특한 것을 생각해내는 독창성


이 중에서 한 가지만 유별나게 잘하는 것보다는 고루고루 발달되어 있어야 창의력이 높다고 할 수 있다. 그렇다면 창의력을 높이기 위한 가장 좋은 방법은 무엇일까?

나는 단연코 유머라고 생각한다. 창의력의 원천은 엉뚱함과 자유로운 발상이다. 유머도 마찬가지다.

유머는 기본적으로 비틀기와 역발상과 엉뚱한 상상에서 나온다. 그래서 창의력이 뛰어난 사람들이 유머도 잘한다. 역으로 유머를 자꾸 하다보면 창의력이 쑥쑥 자라기도 한다. 아이들의 창의력 교육에 관심이 많은 부모님이라면 아이에게 매일 유머 하나씩 만들어보게 하는 것도 아주 좋은 학습방법이다.

또 한 가지 중요한 사실이 있다. 창의성도 계발이 가능한 것처럼 유머 역시 타고난 재능만은 아니라는 점이다. 유머는 한 사람의 궁

정적인 인생관과 유쾌한 성격, 다양한 지식과 경험의 베이스가 차곡차곡 쌓여서 만들어진다.

즉 '유머'라는 집을 짓기 위해서는 보다 많이 보고 듣고 경험해야 하는 것이다. 이런 경험들은 다양한 방식으로 사고하고 세상을 바라볼 수 있는 넓은 시야를 제공해준다. 그래서 지적인 유머를 구사하는 사람들을 보면 박학다식한 만물박사들이 많다. 인생을 살아오면서 보고 듣고 경험으로 축적된 풍부한 베이스가 다양하게 해석하고 비틀어보는 창의성을 선사하게 된다.

그리고 유머를 잘하는 사람은 어휘력 또한 풍부하다. 어휘력이 풍부하다는 것은 창의성이 뛰어나고 유연성이 강하다는 의미이다. 사실 유머러스한 대화란 똑같은 단어라도 다양하고 창조적으로 사용하는 것이다. 예를 들어, 우리 한글인 가나다라를 사용한 '웃음'에 대한 유머를 보자.

가 : 가슴을 펴고 웃자 (가슴을 펴고 웃을 때 엔도르핀 만땅, 기쁨 충만하다)

나 : 나부터 웃자 (내가 웃으면 거울도 웃고 세상도 웃는다)

다 : 다 같이 웃자 (다 같이 웃을 때 행복이 33배 더 찾아온다)

마 : 마음까지 활짝 웃자 (마음까지 웃어야 몸과 마음과 세포가 웃는다)

바 : 바라보며 웃자 (눈을 마주치며 웃을 때 마음이 통해 사랑이 전달된다)

사 : 사랑하는 마음을 품고 웃자 (최고의 사랑 표현은 웃음이다)

아 : 아침부터 아이같이 웃자 (어린아이는 하루에 300번 이상 웃는다)

자 : 자신감을 갖고 웃자 (자신감은 용기와 긍정적인 힘을 발휘한다)

차 : 차를 타도 웃자 (차를 타고 미소를 지으면 주위가 밝아진다)

카 : 카리스마 넘치게 웃자 (웃음은 모든 사람을 끌어들이는 힘이 있다)

타 : 타잔같이 크게 웃자 (자연 그대로 크게 웃을 때 각종 좋은 호르몬이
    나온다)

파 : 파도치듯 시원하게 웃자 (웃음은 스트레스와 우울증을 날려 버린다)

하 : 하루 세 번 그냥 웃자 (만사형통하고 건강하고 행복해진다)

출처 : 문화일보 2010-10-08

## 웃어야 창의력이 발전한다

내가 지금까지 살아오면서 가장 감사한 일을 꼽으라면 십여 년 넘게 '뚝딱이 아빠' 라는 프로그램을 진행한 것이다. 이 프로그램 덕분에 나는 항상 아이들의 환한 웃음소리 속에서 신나게 웃으며 살 수 있었다.

아이들이 웃는 건 특별한 이유가 있어서가 아니다. 한 아이가 웃으면 다른 아이들도 덩달아 웃는다. 친구가 방귀만 뀌어도 까르르 웃고, 내가 괴물 표정만 지어도 자지러지게 웃는다. 파도처럼 온 스튜디오 안이 아이들 웃음소리로 넘쳐난다.

웃음 연구 결과에 의하면, 아이들은 이렇게 보통 하루에 300번 이상 웃고 어른이 되면 하루에 많이 웃으면 15번이고, 보통은 하루에 1번 이상 웃지도 않는다고 한다. 하루에 1번 최대 5분을 웃는다고 가정하고 계산해보니, 1년 365일 동안 웃는 시간이 겨우 30시간밖에 안 된다.

80년을 산다고 하면 2,400시간. 즉 평생 웃는 시간이 100일밖에 안 된다. 평생 코 파고, 후비는 시간이 150일이라고 하는데, 웃는 시간이 그것보다 적다는 게 말이 되는가.

어른이 되면 딱히 큰소리 내서 웃을 일도 없고, 다른 사람이 웃는다고 따라 웃는 것도 바보 같아 보여서 그냥 참아버린다. 마치 '누가 누가 안 웃나' 경쟁이라도 하는 것 같다.

그렇다면 아이들이 이렇게 많이 웃는 이유는 무엇일까? 아이들 눈에는 모두 재미있어 보이기 때문이다. 인식 패턴이 고정되지 않은 덕이다. 실로 아이들이 얼마나 독창적이고 창의력이 뛰어난지는 질문 하나에도 제각각 다양한 답을 내놓는 것만 봐도 알 수 있다.

예전에 아이들에게 "백설 공주는 계모가 준 무엇을 먹고 쓰러졌을까요?"라고 물은 적 있다. 그 동화를 읽었다면 '독사과' 라고 대답할 것이다.

그런데 아이들 입에선 '복숭아' '포도' , '바나나' , '토마토', 혹은 '네모(계모를 잘못 듣고)' 등 온갖 이름이 튀어나왔다. 나는 처음에 아이들이 동화책을 안 읽어서 그런 대답을 한 줄 알았는데, 아니었다. 아이들은 그냥 자기가 좋아하거나 싫어하는 과일의 이름을 떠올린 것이었다. '정답은 사과' 라는 선입견에서 자유롭기 때문에 가능한 대답들이었다.

그런데 어른들의 대답은 십중팔구 '사과' 다. 약간 유머러스한 사람들은 '풋사과' 니 '훔친 사과' 같은 대답을 하기도 한다. 이는 아이들에 비해 어른들이 얼마나 고정된 시각과 사고방식으로 사물을 바라보고 있는지를 말해준다. 어른이 된다는 게 창의성과 상상력을 잃어간다는 걸 의미한다면 너무 슬프지 않은가?

혹시 아이디어 회의를 위해서 탁자에서 창의적 아이템을 고민하고 있는가? 아무리 머리를 쥐어짜내도 독특한 아이디어가 떠오르지 않는가? 그렇다면 일단 5분만 신나게 웃어라. 웃다 보면 산소가 많이 주입되어 답답한 머릿속이 환기될 것이다. 그러고 나서 주변의 사물들을 찬찬히 살펴봐라. 뭔가 색다른 것이 눈에 뜨일 것이다.

### ■■■ 골프와 정치의 공통점

1. 일이 잘 되면 자기 이름 박힌 물건을 만들어 나눠준다.
2. 가방을 들어주는 사람과 같이 다닌다.
3. 마음을 비우면 결과가 좋다.

4.어둡고 은밀한 곳에서는 딴 생각 한다. (오비 지역에서 알까기 등)

5.상대방의 불행이 나의 행복이 되기도 한다.

6.뻥이 심해진다. 술수로 이기려는 자가 있다.

7.초보일수록 남을 가리키려 한다.

8.잘나갈 때 조심해야 한다.

9.어디로 튈지 모른다.

10.필요 없을 것 같은데, 꼭 돈이 왔다갔다 한다.

## ■ ■ ■ 골퍼의 단수

1단 - 18홀 내내 헤드업 하지 않는 골퍼

2단 - 18홀 내내 말 한 마디 하지 않는 골퍼

3단 - 18홀 내내 내기에 가담하지 않는 골퍼

4단 - 18홀 돈 다 따서 몽땅 챙기는 골퍼

5단 - 천둥, 번개 치는데 계속 라운딩 하는 골퍼

6단 - 벼락 맞고도 살아남은 골퍼

7단 - 골프 회원권도 없으면서 3개월 부킹 밀려 있는 골퍼

## 불가능을 가능케 하는 유머의 변신

창의력 연구의 대가이자 수평적 사고(Lateral Thinking)의 창시자인 에드워드 드 보노 박사는 자신의 책 〈드 보노의 창의력 사전〉에서 유

머에 대해 이렇게 말했다.

"유머는 인간의 두뇌활동 중 가장 탁월한 활동이다."

이 말 한 마디에 시시껄렁한 잡담이라고 폄하 받던 유머의 '급수'가 확 올라갔다. 요즘처럼 창의력이 중요한 시대에 유머 잘하는 사람은 그저 유쾌하고 재밌는 사람, 말재간이 뛰어난 사람을 넘어, 머리 좋고 똑똑하다는 평가를 받는다. 유머를 구사하려면 상황을 재빠르게 포착해내는 재치와 언어 구사능력이 좋아야 하기 때문이다. 게다가 타이밍도 맞아야 하고, 예의도 갖춰야 하고, 순발력도 좋아야 한다. 무릎을 치게 만드는 탁월한 유머를 하려면 기타 등등 갖춰야 할 게 많은 셈이다. 심지어 여자들이 유머러스한 남자를 신랑감 1순위로 꼽는 이유도 그저 웃고 즐기기 위해서가 아니라 2세의 두뇌를 고려한 깊은 뜻이라는 얘기도 있다.

이제 유머는 그 사람의 지적 능력과 순발력, 인품과 성격을 한눈에 체크할 수 있는 판단 기준이 되었고, 때문에 맞선이나 소개팅 자리뿐만 아니라 기업체 면접에서도 그 위세를 떨치고 있다. 신입사원 채용문구에 '대인관계능력이 좋은 사람' 이라는 항목이 들어가 있다면 유머 구사력을 채점항목에 넣었다는 의미다. 그러므로 화려한 스펙만 빽빽한 평범한 이력서나 줄줄 읊어대는 지루한 자기소개서로 응하면 백전백패할 가능성이 높다.

요즘은 스펙이나 수준들이 거의 비슷비슷하기 때문에 그보다는 대인관계가 좋고 창의적이고 유연한 사고를 할 수 있는 사람을 원한다. 그래야 업무에서 문제가 일어나도 잘 해결할 수 있어서다. 그리고 이런 사람을 딱 집어 골라낼 수 있는 방법이 바로 유머 구사력인 만큼, 유머 넘치는 사람이 당연히 채점 점수도 높을 수밖에 없다.

### ■■■ 엽기이력서

참치회사 지원자 : 오리발과 물안경만 주십시오. 남태평양에서 참치를 몰고 오겠습니다. 만약 상어에게 봉변을 당할 경우 보험금은 일체 없는 걸로 하겠습니다.

타이어 회사 지원자 : 모든 타이어는 본인 입으로 불어넣겠습니다.

자동차회사 지원자 : 자동차 충돌 실험을 할 때 본인이 직접 탑승을 한 후 보고서를 제출하겠습니다. 구급차는 필요 없습니다. 실험 후 본인이 직접 걸어서 병원까지 가겠습니다.

통신회사 지원자 : 독도 기지국 건설할 때 송신탑을 들고 있겠습니다. 부식은 절대 사양입니다. 갈매기로 대체하겠습니다.

### ■■■ '총각네 야채가게'의 재미있는 판촉문구

- 총각사장 맞선기념 바나나 세일 (바나나)

- 절대 바람난 무 아닙니다 (무)

- 풋고추 부인 몸 꼬았네 (꽈리고추)

- 버섯 가족의 큰형님 (표고버섯)

- 나도 붉은 악마다 (홍고추)

- 이문세가 제일 좋아하는 채소 (당근)

- 어머, 쪽팔려! (쪽파)

## 창의성 있는 좋은 유머는 어떤 것인가?

유머의 목적은 뭐니뭐니 해도 사람을 즐겁게 하는 것이다. 들어서 웃음보다 불쾌감이 앞선다면 그것은 아무리 창의성이 뛰어나도 유머가 아니다. 그렇다면 웃음을 유발하면서 창의성이 높은 유머란 어떤 것일까? 바로 자신을 낮추는 유머다.

유머로 며칠 동안 진행하는 수련회 모임에서 각 조마다 한 사람씩 나와서 자기소개를 하는 시간이 있었다. 자기 차례가 되어 한 여성이 나왔는데 얼굴도 체형도 여러모로 평범해 보였다. 쑥스러움으로 뺨을 붉히며 마이크를 들고 조용한 목소리로 이렇게 말했다.

"저는 어릴 때부터 항상 구석 자리에 앉고, 별로 눈에 뜨지 않는 아이였습니다. 학창 시절에 제가 제일 하고 싶었던 게 줄반장이었습니다. 존재감이 너무 없어서 사람들의 주목을 받고 싶었던 겁니다. 그래서 중 · 고등학교 때도 친구가 별로 없었어요. 그런데 어느 날,

존재감이 없는 저를 위해 저 스스로 별명을 붙여주었습니다. 바로 '공기' 입니다. 있는 듯 없는 듯하지만, 이 자리에 계신 여러분은 공기를 숨 쉬고 있잖아요."

그녀의 차분한 자기소개가 끝나자 사람들은 박수를 치며 격려의 환호성을 질렀다. 그녀는 환하게 웃으며 다시 말을 이었다.

"그렇게 성인이 된 뒤로 저는 있는 듯 없는 듯한 제 존재감을 가장 멋지게 활용할 수 있는 방법이 무엇일까 고민했습니다. 누구에게나 편안하게 다가가고 도움이 필요한 사람에게 부드러운 손길을 내미는 직업을 갖고 싶었습니다. 그래서 저는 간호사가 되었습니다. 이번에는 공기가 아니라 '산소 호흡기' 가 된 거죠."

그 말에 그 자리에 있던 모든 사람들의 얼굴에 따뜻한 미소가 떠올랐다. 그날로 '산소호흡기' 라는 별명을 얻은 그녀는 수련회 기간 내내 사람들의 주목을 받았다. 늘 조용하고 존재감 없던 과거를 유머러스하게 소개하면서 많은 사람들에게 자신을 각인시킨 것이다.

### ■ ■ ■ 면접시험

비서 채용을 위한 최종면접에서 남자 3명과 여자 1명이 있었다. 최종면접은 사장과 함께 중국 음식점에서 진행됐다. 사장은 한 그릇의 자장면을 시켜놓고 지원자들에게 물었다.

"여기 자장면 한 그릇이 있네. 자네들이 돈을 내지 않고 나와 함께 이 자장면을 먹을 수 있는 방법을 말해보게나."

첫 번째 남자 지원자가 말했다.
"빈 그릇을 달라고 해서 나눠 먹겠습니다."
두 번째 남자 지원자가 말했다.
"똑같이 젓가락을 들고 뺏어 먹겠습니다."
세 번째 남자 지원자는 "저는 사장님이 남긴 것을 먹겠습니다."
마지막으로 여자 지원자가 말했다.
"사장님, 다 드시고 입 닦지 마세요."
여자는 당장 비서실로 발령받았다.

### ■■■ 인사담당자를 황당하게 만든 면접생들

시험청년 실업 35만 명 시대. 백수라고 기죽지 말자.
기업 인사담당자들이 털어놓은 황당한 면접생들에 대한 실화다.

1. 들어오자마자 들고 있던 비닐봉지에서 음료수를 꺼내 면접관들에게 하나씩 돌리면서 "힘드시죠?"라고 하는 면접생.
2. 가벼운 어조로 "내세울 수 있는 자신만의 특기가 뭐냐"고 물었더니, 손가락으로 삿대질을 해가며 랩을 5분 동안 열라 침 튀기며 한다. 방 안의 모든 사람들이 말리고 싶었지만 타이밍을

놓쳐버렸고, 분위기는 한 순간에 싸늘해졌다고.

3. 그룹 면접에서 옆 사람과 짝을 지어 토론을 시켰다. 처음엔 둘 다 조리 있게 잘 얘기하더니만, 갑자기 한 놈이 "너무 잘난 체하시는 거 아닙니까?"라면서 감정을 건드리기 시작했다. 눈을 부라리던 두 사람은 결국 멱살 잡고 싸우기 시작했다. 우리는 그들에게 나가서 싸우라고 했다. 나가서도 싸움이 끊이지 않아서 결국 경비원들 불러 건물 밖으로 쫓아냈다.

4. 여자 면접생. 한참 질문하고 있는데 핸드폰이 울렸다. 주머니에서 핸드폰을 태연히 꺼내든 그 면접생은 통화 내용이 전달될 정도의 큰 목소리로 닭살스런 대화를 시작했다.

"자기구나? 응, 지금 면접 중이라서 통화 오래 못하거든? 나 면접 잘 보라고 해줄 거지?"

5. 농담 삼아 "여자친구는 없나?"라고 물었더니 한숨을 푹 내쉬며 "있었는데…"라고 얘기를 시작한다. 그녀와 처음 만났던 일부터 싸웠던 이야기와 그녀가 양다리 걸친 세세한 얘기까지 절절한 목소리로 한참동안 털어놓는다. 퍼질러 앉아 소주 한 잔 걸칠 것 같은 표정으로.

6. 출근을 하게 된다면 언제부터 할 수 있겠느냐고 물었더니, "이번 달에는 스키장 가야 하고, 다음 달 초까지는 친구 별장에 놀러가 있기로 해서 곤란하니까 다음 달 중순 이후로 스케줄을 맞춰보겠다"고 대답하는 면접생.

## 비즈니스 유머에는 겸손함과 따뜻한 배려심이 필수다

유머를 사용하는 방법은 비즈니스맨들에게 매우 중요한 영업 수단이 된다. 또한 고객을 직접 상대하고 고객을 높여줘야 하는 이들에게는 겸손한 유머가 필수 중에 필수다. 밝은 표정과 예의바른 태도만으로는 손님을 끌기에 부족하다. 손님의 마음을 움직이고 손님이 기분 좋게 웃어야 물건을 팔 확률도 높아진다. 이럴 때 어느 영업사원도 오만한 유머를 구사하지 않는다.

이런 점은 회사도 마찬가지다. 유머 경영으로 유명한 사우스웨스트 항공은 항상 승객들의 입가에 저절로 미소를 짓게 만드는 따뜻하고 부드러운 비상탈출구안내 멘트를 재미있게방송해  준다.

"우리가 사랑하는 사람을 떠나는 방법에는 50가지가 있습니다. 하지만 이 비행기를 탈출하는 방법은 5가지가 전부입니다. 그러니 잘 들으시고 위기상황에서 살아남으셔야 합니다. 그리고 사고가 발생하면 위에서 산소마스크가 떨어지는데 산소는 처음 1분 동안은 2달러고, 그 다음부터는 1달러입니다. 만약 사고가 안 나면 탈출구는 출입구입니다."

이런 재밌는 멘트를 들은 승객들은 사우스웨스트 항공을 '즐겁고 따뜻한 항공 회사' 로 인식할 수밖에 없고, 그 때문에 다시 이곳을 찾게 된다.

항공사와 관련된 재미있는 유머가 하나 있어서 소개하겠다. 혹시 이런 사람을 만나면 꼭 한 번 써먹어보길 바란다.

### ■■■ 고집 센 아일랜드인

한 아일랜드인이 런던 행 비행기를 타고 2등석에 앉아 있다가 화장실을 갔는데, 나오다 보니 그 앞 쪽 1등석은 좌석도 넓고 텅텅 비어 있었다. 그래서 그곳에 앉아있는데 승무원이 와서 이곳은 1등석이니 제자리로 돌아가시라고 말했다. 그러나 아무리 말해도 그 아일랜드인은 도통 듣지를 않았다. 사무장과 기장까지 와서 설득해도 안 듣기에 승객 중 다른 아일랜드인에게 도움을 요청했다. 이 승객이 가서 뭐라고 하니까 그 고집 센 아일랜드인이 순순히 자기 자리로 돌아왔다. 사무장이 신기해서 "뭐라고 하셨습니까?"라고 물으니 그 승객이 이렇게 대답했다.

"어디까지 가시냐고 물었더니 런던에 간다고 하기에, 앞 칸은 북한 가는 좌석이고 뒤칸이 런던 가는 좌석이라고 했지요."

이처럼 유머는 부정적인 이미지가 아닌 긍정적인 이미지를 만들어내는 것이어야 한다. 명함에 학력과 경력을 길게 쓰는 것보다, 긍정적인 유머 한 마디를 써보자. 그것이 곧바로 내 얼굴을 재미있고 긍정적인 이미지로 밝혀주는 명함이 된다.

## 웃음은 긍정의 힘을 발휘하게 해주는 촉매제

윌리엄 제임스는 '우리는 행복하기 때문에 웃는 것이 아니고 웃기 때문에 행복하다' 고 했다. 그러니 무조건 웃어라. 웃다가 울어도 좋다. 중요한 건 감정을 발산시키는 거다. 울다가 또 웃으면 된다. 미치도록 웃어봐라. 웃다가 진짜 미친놈은 없다.

그리고 유머 관련 책을 읽어라. 개그 프로그램도 좋다. 처음엔 집중이 안 될 수 있겠지만, 그래도 딱 30분만 웃기는 유머를 봐라. 그러다보면 어느 순간 웃고 있는 자신을 발견하게 될 것이다. 이러면 마음과 머릿속에 차있던 근심의 무게가 반으로 줄어들게 된다. 1밀리바(mb)의 저기압을 몰아내는 건 2밀리바(mb)의 고기압이다. 그래서 웃음과 유머는 저기압인 불행을 몰아내고 고기압인 행복을 가져오는 최고의 비법이다.

### ■■■ 개 아닌 분?

유난히 개고기를 좋아하는 다섯 사람이 보신탕을 잘 한다는 집에 갔다. 주문 받는 아줌마가 와서는 사람을 하나씩 세면서 말했다.
"하나 둘 셋…, 전부 다 개죠?"
그러자 다섯 명 모두 고개를 끄덕이며 "네" 라고 말했다.
다음날은 삼계탕과 보신탕을 같이 하는 집에 갔는데 주인이 주문을 받으면서 이렇게 말했다.

"개 아닌 분 손들어 보세요!"

## ■■■ 전설적인 세일즈맨의 성공비결!

가정 방문판매업계의 전설적인 세일즈맨에게 성공비결을 묻자 이렇게 대답했다.

"별다른 비결은 없어요. 그냥 초인종을 눌렀을 때 문 열고 나와 보는 사람이 아주머니라면 나이에 상관없이 이렇게 말했을 뿐입니다."

"아가씨, 어머니 계세요?"

## ■■■ 그 여자가 바로 저예요!

진통이 시작된 산모가 병원 엘리베이터에서 아기를 낳고 말았다.

산모는 창피함과 민망함에 고개를 못 들고 울었다.

그러자 간호사가 산모를 위로하며 말했다.

"울지 마세요. 작년에는 병원 앞 풀밭에서 아기를 낳은 사람도 있어요."

그러자 산모가 더욱 크게 울며 말했다.

"그때 그 사람이 바로 저예요!"

## 창의적 유머 경영의 화신, 사우스웨스트 항공

세계적인 경제지 기자들을 대상으로 유머 리더십의 대표적인 인물을 꼽으라면 망설임 없이 사우스웨스트 항공사의 공동 창업자인 허브 켈러허 회장에게 한 표를 던질 것이다. 그는 대담하고 열정적인 유머로 적자에 빠진 회사를 빠른 시간 내에 흑자로 전환시킨 유명한 인물이다. 특히 부침이 심한 미국의 항공업계에서 수많은 경이적인 기록을 세우며 사우스웨스트 항공사를 세계적인 항공사로 올려놓았다.

미국 경제전문지 〈포천〉은 허브 켈러허 회장을 '가장 존경받는 CEO'로 선정하면서 이렇게 말했다.

"우리 목록에 들기 위해 리더들이 반드시 실천해야 할 덕목은 직원들과 사랑에 빠지는 것이다."

조직을 이끈다는 건 결국 사람을 이끄는 일이다. 따라서 인간에 대한 이해와 감성이 전제되어야 한다. 리더십이란 결국 따라오는 이들에게 헌신하고 그들의 즐거움과 괴로움까지 함께 나누는 일인 것이다.

따라서 훌륭한 리더가 되고 싶다면, 권위의 벽을 쌓는 대신 직원들과 대화하며 직원들도 마음을 끌어 자발적인 참여를 유도할 수 있어야 한다. 그러면 신이 난 직원들이 자연스럽게 창조적 능력을 발휘해서 회사의 발전에 기여하게 된다. 그리고 이 '서번트 감성 경영’의 중요성을 빨리 인식한 켈러허 전 회장은 유머와 웃음으로 직원들에게 봉사하고 섬기는 자세로 회사를 이끌어왔다.

허브 켈러허의 유별난 직원 사랑은 수천 명이나 되는 직원의 이름을 모두 기억할 정도로 열정적이고 대단하다. 딱 한 번 만난 직원을 일 년 후에 만나도 이름을 기억할 정도로 직원들을 소중하게 여겼다. 뿐만 아니라 각 회사의 중역들이 모인 오찬 자리에 엘비스 프레슬리 복장을 하고 나타나서 참석자들을 포복절도하게 만들기도 했다. 또한 고급 정장 대신에 청바지를 입고 이사회에 참석하거나 토끼 분장을 하고 출근해서 직원들에게 웃음을 안겨주었다. 그렇다면 회장부터 말단 청소부까지 웃기는 사람들이 많은 사우스웨스트 항공사의 실적은 어느 정도일까? 사우스웨스트 항공은 1973년 창업 이래 30년이 넘는 세월 동안 매년 이익을 올린 유일한 미국 항공사다. 치열한 경쟁으로 부침이 심한 항공 산업에서는 매우 이례적인 일이다.

그 외에도 46분기 연속 흑자와 30년 평균 주가수익률 1위, 세계에서 가장 존경받는 기업 2위, 미국 항공사 중 유일한 노사 무분규 기업, 9·11테러 이후 다른 대형 항공사들이 줄줄이 도산 위기에 처했을 때도 단 한 명의 인원 감축을 하지 않은 회사, 1997~2005년 중 ‘미국에서 가장 일하고 싶은 기업’ 5위권, 지난 18년간 고객 불만이 가장 적은 회사, 31년 연속 흑자달성, 이직률이 10%도 안 되는 회사라는 경이로운 기록과 찬사를 받는 회사다.

　다른 항공사에 비해 연봉도 적게 받는데도 직원들이 진심어린 애사심과 자부심으로 일하고, 매해 엄청난 영업기록을 달성하는 사우스웨스트 항공사의 비결은 바로 유머와 웃음이었다.

### ■■■ 경영자들이 자주 쓰는 말에 담긴 속뜻

"재미있네."(속뜻: 내 생각은 달라)

"내 생각은 다른데."(내 생각은 정말 많이 달라)

"내 생각과 많이 다르네."(네가 맞을지도 모르지만 난 관심
　없어)

"틀렸어."(내가 원하는 답이 아니잖아)

"사람이 융통성이 있어야지."(하고 싶지 않아도 시키면 시키는
　대로 해)

"나를 납득시켜 봐."(네가 뭐라는지 하나도 모르겠어.
　너도 모르지?)

"더 큰 그림을 보라니까."(회장님이 원하는 방향이 뭔지
　생각해 보라니까!)

"결정했네."( 닥쳐!)

"나중에 더 얘기해 보자고."(그렇게 했다가는 죽을 줄 알아!)

"e-메일로 보낸 건 무슨 뜻이야?"(간단히 요약해서 얘기해 봐.
　난 아직도 e-메일 볼 줄 몰라)

## 한국전력공사 - 웃음은 가장 훌륭한 조직 접착제다

웃는 걸 귀찮아하는 사람들, 크게 웃는 걸 경박하다고 하는 사람들은 말한다. "웃으면 누가 돈을 주나, 밥을 주나." 그런데 웃음이 정말로 돈도 주고 밥도 준다면 어떨까? 얼굴 찌푸린 사람들보다 잘 웃는 사람들이 많은 회사는 구멍가게라도 잘 굴러간다. 믿기 어려운가? 그렇다면 한번 보자.

2006년에 공기업을 대상으로 한 고객만족도 1위로 꼽힌 기업이 있다. 바로 한국전력공사다. 공기업이니 이곳 사람들이 지루하고 태만할 것이라는 상상은 접어두자. 이 사람들이야말로 웃음의 화신들이다. 자기들은 매일 웃고, 이렇게 잘 웃으니 일할 맛이 백배 난다고 '자화자찬' 한다.

이들이 바뀌게 된 계기는 그해 도입한 펀 경영 GWP(Great Work Place) 덕분이었다. 우선 딱딱했던 복장 규제부터 풀었다. 마음껏 옷을 입고 오도록 자율복장제를 실시한 것이다. 이후 웃음강사들이 한전을 부지런히 드나들기 시작했다. 처음에는 다들 어색한 웃음만 흘렸다. 그러나 강의가 반복되면서 이들은 한 가지 사실을 깨닫기 시작했다. "웃음이 왜 중요하고, 왜 웃음이 필요한지"를 알게 되었다. 서서히 웃는 사람들이 늘어나기 시작했다.

이제 한전은 회의나 행사 시작 전에 지루한 연설문 같은 것을 듣지 않는다. 그저 웃음동영상을 틀어놓고 다 같이 한바탕 웃는다. 어떤 지사는 아침에, 어떤 지사는 저녁에 강사를 초빙해 웃음특강을 연다. 심지어 2006년 10월부터는 아예 직원들에게 웃음치료 전문가 과정을 수료하도록 대규모 지원까지 했다. 같이 교육 받은 사람들끼리 '웃음친구'를 만들어서 피곤하고 심란할 때면 짧게 통화하고 허허허 웃는 것으로 마음을 푼다.

그 효과는 직원들에 이어 국민들이 먼저 알아주었다. 한전을 찾은 고객들은 분위기가 예전과 다르다는 것을 금방 느꼈다. 하나같이 "한전 직원들은 너무 친절하고 고맙다"고 말한다. 좋은 피드백을 받은 직원들은 또다시 웃는 얼굴로 그 기대에 부응한다.

한전은 이제 전기를 파는 게 아니라 웃음을 팔고 있다. 우리 모두 한전에서 파는 웃음 전기에 감전되어 보자. 찌릿찌릿 하구만~!

### ■■■ 여비서들의 실수, 실패담 1

- 초보 때 1

외부에서 전화가 와서 어른을 찾으시기에 옆 사람에게 물었더니 "댁으로 가셨어"라고 했어요. 그런데 잘못 알아듣고 "대구로 가셨다는데요"라고 했지 뭐예요.

- 초보 때 2

전화 연결 시, "회장님, 사장님 전화입니다" 이래야 할 것을,

전날 전원일기를 너무나 열심히 보았는지,

"회장님, 이장님 전화입니다." ㅡ.ㅡ;;


- 사오정이라서,

10만원을 주시면서 "신권으로 바꿔와!"를 '식권' 으로 바꿔오

라는 걸로 잘못 듣고 식권 40장 사간 적 있다.


- 예전 기억 하나.

"권양, 동아일보 가져와요."를 '도라이버 가져와요' 로 알아듣

고, 온 건물을 다 뒤져서 일자랑 십자드라이버를 찾아서 갖다

드렸습니다.


- 초보 때3

손님이 세 분 오셨는데, "여기 커피 한 잔 줘요" 하시기 저 진짜

로 달랑 한 잔만 갖다 드렸습니다.


**삼성테스코 - 이승한 사장의 웃음 경영이 매출을 팍팍 키운다**

'신바람 경영' 하면 저오르는 곳이 바로 '창의경영' 을 중시하는

이승한 사장이 경영하는 홈플러스 삼성테스코다. 삼성테스코는 할

인점 업계의 후발주자로서 적지 않은 고전을 겪었다. 그리고 이들이

발견해 낸 차별화는 바로 웃음이었다.

삼성테스코의 펀 경영 기조는 단순하고 확실하다. "매출을 올리고 싶은가? 그렇다면 직원을 웃게 만들어라!"다. 이들은 홈플러스는 직원들이야말로 조직에서 가장 중요한 내부고객이라고 믿었고, 웃음이 조직 내부는 물론 매장에까지 영향을 미치도록 했다. 한국웃음연구소 소장 이요셉 씨가 만든 웃음동영상을 전국 점포에 배포하고, 아침 10시와 오후 3시 업무능률이 저하되는 시간에는 웃음축제를 연 것이다. 이 웃음축제가 열리면 직원들뿐만 아니라 고객들까지 어울려 신나는 음악과 함께 웃고 춤을 춘다. 정말 불끈불끈 신나는 매장이 아닐 수 없다. 얼마나 신나고 재미있었던지 이걸 보려고 퇴근하고 홈플러스를 찾는 고객들이 생겼을 정도다.

매장뿐만이 아니다. 삼성테스코는 직원들을 웃게 만드는 데 모든 면에서 사활을 걸기 시작했다. 매년 초 경영전략을 공유하는 컨퍼런스는 딱딱한 분위기를 찾아볼 수 없다. 노래자랑도 하고 연극도 올린다. 황금미소상, 황금신발상 같은 기막힌 상들도 마구마구 준다. 업무성과가 뛰어난 팀에게 상금 1천만원도 통 크게 안겨준다. 이외에도 연중에 축제도 많고 체육대회도 많다.

그 결과는 어땠을까? 놀랍게도 홈플러스의 직원 만족도가 이후 급상승했다. 문을 연 첫 해 평균 퇴직율이 정규직 20%, 비정규직 70%이었던 것이 이제 정규직 5%, 비정규직 20%로 뚝 떨어졌다. 이뿐만이 아니다. 직원들이 행복하니 고객이 행복하고, 그러니 매출은 더 크게 상승했다. 1999년 영국의 테스코 사와 삼성물산이 힘을 합쳐 홈플러스의 삼성 테스코가 문을 열었을 때만 해도 이곳은 대구점과 서부산점 2개의 점포를 가진 전국 순위 6위의 작은 할인업체에 불과했다. 이후 시작된 경기불황으로 다들 불안감에 떨기 시작했을 때 홈플러스는 신바람 경영을 폭넓게 도입했다. 그 결과 지금 홈플러스 삼성테스코는 업계 점유율 2위라는 폭발적인 성장을 기록하고 있으며, 전 세계 테스코 매출 상위 10위 매장 중에 홈플러스가 절반을 차지하고 있다. 전 세계에서 가장 장사 잘하는 테스코 매장의 절반이 한국에 있는 것이다. 기업도 활짝 웃고, 일하는 사람도 활짝 웃을 간한 결과가 아닐 수 없다.

## ■■■■ 여비서들의 실수, 실패담 2

- 완전 초보 때

사장님이 부의봉투 하나를 달라고 하시더군요. 부의봉투란 게 상갓집에 갈 때 조의금 넣는 봉투인데 당시엔 몰랐거든요, 저는 좀 의아해하며 사무실에서 많이 쓰는 누런 대봉투에다 굵은 매직으로 "V"자를 큼지막하게 써서 사장님 책상 위에 올려놓고 나왔지요.

- 거래처와 통화할 때

거래처에서 전화가 왔는데, 전화 거신 분이 "미스 누구죠?" 하기에,

저는 애 엄마라서 그냥 "저 미스 아닙니다" 이랬더니 상대방 "아~ 미스 안, 잘 부탁해요" 이러지 뭡니까….

- 예전 회사에 비서로 있었을 때

원장님이 부원장님 오시면 전화 달라고 하셔서, 제가 부원장님께 "원장님께서 전화 달라십니다"라고 했더니 우리 부원장님, 갑자기 전화기 코드까지 뽑아 전화기를 통째로 주시면서 "전화기를 왜 달라시지?"

저 쓰러지는 줄 알았습니다.

- 아주 오래된 야그

이름 두 자만 대도 다 아는 대기업 전무실 비서의 얘기입니다.

전화가 와서 받았더니,

"나 사장인데 김 전무 바꿔!"

전무실 비서 언니, 귀찮은 청탁전화가 많은 고로 "어디 사장님이시라고 할까요?"

"나 사장이라니까!"

열 받은 전무실 비서 언니, "구멍가게 사장도 사장인데 어디 사장님이시라고 말씀은 하셔야죠!"

그런데 그분은 다름 아닌 우리 회사의 오너이셨던 것이다!!!

사장님은 전무님께 "그 비서 바꿔치워요!"라고 하셨지만, 멋진 전무님, 웃고 넘어가셨어요.

그 후 우리 사장님은 김 전무님께 직통 인터폰만 하신다는 후문이. ㅋㅋ

■■■■ **이런 사람이 되어요**

가장 건강한 사람은 늘 웃는 사람이며,

가장 존경받는 부자는 적제적소에 돈을 쓸 줄 아는 사람이고,

가장 현명한 사람은 늘 배우려고 노력하는 사람이고,

가장 훌륭한 정치가는 떠나야 할 때가 되었다고 생각이 되면 미련 없이 떠나는 사람이며,

가장 겸손한 사람은 개구리가 되어서도 올챙이 적 시절을 잊지 않는 사람이다.

가장 강한 사람은 타오르는 욕망을 스스로 자제할 수 있는 사람이며,

가장 좋은 스승은 제자에게 자신이 가진 지식을 아낌없이 주는 사람이고,

가장 훌륭한 삶을 산 사람은 살아있을 때보다 죽었을 때 이름이 빛나는 사람이다.

가장 지혜로운 사람은 이 책을 읽고 적당한 곳에 써먹는 사람이다.

# 02

# 현대인의 얼굴은
# 왜 굳어가는가?

'웃음이 여기저기에 다 좋은 걸 알면서도 현대인의 얼굴이 점점 굳어가는 이유는?

답은 간단하다. 조물주가 인간을 진흙으로 만들었기 때문이다.

농담이 아니라 요즘 거리에 나가보면 얼굴에 물기가 빠져서 바짝 굳어 있는 사람들이 가득하다. 얼굴과 온몸에 진흙 팩이라도 한 것처럼 다들 표정이 없다. 무표정 아니면 화난 표정, 맹한 표정뿐이다.

어떤 이는 진흙이 너무 굳었는지 흙가루를 줄줄 흘리는 것인지, 그러다가 아는 사람이라도 만나면 입가를 억지로 끌어올려 미소를 짓는다.

그럴 때 그 이마에는 '가식모드 작동 중'이란 글씨가 반짝거린다.

이런 한국인의 특성 때문에 이런 유머가 유행하기도 한다.

### - 여론조사

한 여론 조사원이 영국인, 미국인, 일본인, 독일인, 한국인에게
차례대로 물었다.
"당신 나라는 어떤 정신을 강조하나요?"

영국인 : 신사도요.
일본인 : 친절이요.
미국인 : 개척정신이요.
독일인 : 근면이요.

순서대로 답을 하려던 한국인이 외쳤다.
"아 좀, 빨리빨리 묻고 대답 좀 빨리빨리 합시다. 거."

### - 여가활용

서양인은 여가의 절반을 관광하는 데 쓰고 나머지 절반은 독서
하는데 쓴다. 한국인은 여가의 절반을 술을 마시는 데 쓰고, 나
머지 절반은 술을 깨는 데 쓴다.

### -최악의 인생은?

북한주민처럼 월급 받고, 한국인처럼 일하고, 한국 남자를 남편

이 유머를 누가 만들었는지 찾고 있는 중이다. 혹시 미국 사람? 독일 사람? 설마 한국 여자? 하여튼 누가 했는지 찾기만 해봐라. 그러면 이렇게 큰소리로 외칠 거다.

"나도 같은 생각이라고~~~!!!"


## 즐거운 성공이 진짜 성공이다

현대인들은 이렇게 늘 화난 얼굴로 성공과 행복을 위해 열심히 달린다. 경쟁에서 이기기 위해, 남보다 빨리 성공하기 위해 피도 눈물도 없이 빡세게 일한다. 그 덕에 지난 10년 동안 우리나라 출판가에는 수많은 성공서와 재테크서가 가판대를 휩쓸었다.

그런데 아이러니하게도 요즘 시대의 화두는 그런 '기계적 성공'이 아니라 오히려 유머와 웃음으로 '즐거운 성공'을 이루라고 말한다. 유머 책이 매일 출간되는 것은 기본이고, 유머 강의가 넘쳐나고, 인터넷 게시판에서 조회 수가 제일 높은 곳도 유머 게시판이다. 그리고 사람을 평가하는 기준에도 유머가 1위를 차지한다. 유머가 있어야 인기가 있고, 유머러스한 사람이 일도 잘하고, 리더도 유머러스한 면이 있어야 존경받는다는 것이다. 정말 뜬금없지 않은가. 주구장창 성공만 외치더니 웬 유머?

어딜 가나 웃는 사람이 있는가 하면 그렇지 않은 사람들도 있다. 그런데 항상 굳은 얼굴인 사람들에게는 한 가지 특징이 있다. 인생이 지루하다는 거다. 웃음은 신이 나고 새롭고 즐거워야 생기는 건데, 웃을 거리가 없다는 건 나날이 그게 그거라는 뜻이다. 이들은 웃음이 창의적인 에너지를 만들어낸다는 말을 잘 믿지 않는다.

그렇다면 이런 말은 어떤가?

"Laughing for 15 second adds two days to the life span!"

15초 동안 웃으면 수명이 2일씩 늘어난다는 거다. 기대했던 창의성을 얻지 못한들 어떠랴, 오래 살 수 있다지 않나!


## 웃어도 웃는 게 아니야~!

자, 이 정도 되면 웃음이 건강에도 좋고 지갑도 두둑이 만들어준다는 것을 깨달았을 것이다. 그런데도 왜 우리는 잘 웃지 않는 걸까?

심리학 중에 비언어적 표현(Nonverbal Language)이라는 분야가 있다. 말을 하지 않고 표정이나 손짓, 몸짓만으로도 어떻게 의사 표현을 하는지를 연구하는 분야다. 비언어적 표현이 중요한 건 이걸 잘 관찰해보면 그 사람의 진짜 감정 상태를 알 수 있기 때문이다. 말로 하는 감정 표현은 거짓말이 섞여 들어서 진짜 마음을 알기 어렵다고 한다. 그래서 이 연구 분야에는 사진을 보고 그 사람의 감정 상태를 알아맞히는 시험이 있다. 그런데 이 연구 결과들에 의하면, 서양 사람들보다 동양 사람의 감정 상태를 알기가 더 힘들다고 한다. 특히 한국 사람들은 감정표현에 더 약한 편이다. 오랜 유교의 영향 때문인지 기뻐도 드러내서 웃지 않고, 슬퍼도 눈물을 보이지 않는 걸 미덕이라고 여긴다. 타인의 시선이나 체면을 절대시하니 감정표현도 마음껏 하지 못하는 것이다.

특히 한국 남자들은 함부로 감정을 드러내서는 안 된다는 교육을 받고 자랐기 때문에 자기에게 감정 변화가 없다는 것을 자랑처럼 여긴다. 감정 변화가 없는 게 아니라 없는 '척' 하는 뿐인데도 말이다.

## 유머는 기분이 아니라 세계관이다

우리는 유머가 좋은 기분에서 나온다고 생각한다. 하지만 세계적인 과학자 떼이야르 드 샤르댕은 '유머는 세계관' 이라고 정의했다. 그런가 하면 미국의 사회평론가인 맥스 이스트만도 "유머는 고통에 대한 일종의 처방이다" 라고 정의하며 유머와 종교를 동급에 놓기도 했다. 이밖에도 수많은 세계적인 명사들이 유머에 대한 찬사를 늘어놓았다.

유머의 가치와 목적에 따라

'인간관계의 공기'

'커뮤니케이션의 기술',

'가장 훌륭한 애피타이저'

라고 극찬하기도 했다.

나는 유머에 대한 많은 정의 중에서 샤르댕의 말이 유머의 본질을 가장 잘 꿰뚫고 있다고 생각한다. 유머는 단순한 말장난이 아니라 한 사람의 가치관과 성품, 습관, 지적 수준, 창의력을 단번에 알 수 있는 일종의 테스트 같은 것이다. 말 한 마디로 천 냥 빚을 갚듯이, 유머 한 마디가 그 사람의 가치를 높여주기 때문이다. 나 역시 오랜 세월 개그맨이란 직업을 업으로 삼으면서 유머에 대한 나름의 정의를 가지고 있다. 지금부터 김종석이 내린 유머에 대한 3가지 정의를 소개하겠다.

## 정의 1 - 유머는 눈과 눈에서 시작된다

70년대 히트송 중에 〈눈으로 말해요〉라는 노래가 있다. 사람들 앞에서 닭살스런 대화를 나누다가는 몰매 맞을 것 같으니까 말 대신 눈으로 대신하자는 것이다. 예를 들어, "내 안에 너 있다", "자기야, 오늘 너무 예뻐", "우리 있다가 응응 할까?" 이런 말을 사람들 앞에서 함부로 나누다간 목숨이 몇 개라도 모자랄 수 있으니 눈빛으로 은근히 주고받자는 것이다.

나아가 '눈은 마음의 창'이기 때문에 어떤 때는 말보다 눈을 통해 상대의 마음과 기분을 더 정확하게 느낄 수 있다. 그러므로 마음과 마음이 소통하려면, 먼저 눈과 눈을 마주쳐야 한다.

괴테는 "사람의 성격이 가장 잘 나타날 때는 누군가와 마주 대하여 말하고 듣고 웃을 때다"라고 말했다. 누군가와 대화할 때 내 눈을 바라보는 사람과 피하는 사람 중에 어느 쪽에 더 신뢰가 가고, 마음을 열고 이야기할 수 있겠는가? 대부분 전자일 것이다.

누군가와 소통하고 싶다면 그의 눈을 마주쳐야 한다. 그리고 누군가와 즐겁게 소통하고 싶다면 눈을 바라보며 입가에 웃음을 띠고 유머를 구사하면 된다.

## 당신의 눈망울 속에 나를 담아주세요

당신의 눈망울 속에 나를 담아 주세요

그 눈망울 속에서 살 수 있도록

어쩔 수 없더라도 그 눈 깜박이지 마세요.

당신에게 담겨 있는 나를 떨어뜨리지 마세요.

슬프더라도 눈물 흘리지 마세요.

그 눈물이 홍수 되어 쏟아지며, 나도 함께 쓸려가 버리니까요.


**정의 2 - 유머는 상대에 대한 관찰에서 시작한다**

미국의 심리학자인 앨버트 메라비언에 의하면 인간은 상대에 대한 정보를 파악할 때, 시각을 통해 가장 많은 정보를 얻는다고 한다. 언어는 7%, 청각은 38%지만 시각으로 받아들이는 정보 비율은 55%에 달하므로 상대를 제대로 파악하려면 상대의 말을 경청하면서 눈으로 그의 상태를 잘 살펴야 한다.

특히 유머를 구사할 때는 상대의 눈과 표정에서 드러난 감정 상태를 잘 파악해야 한다. 보통 사람은 화를 참고 있을 경우엔 눈빛과 얼굴 표정이 경직되게 마련이다. 그래서 입으로는 괜찮다고 하면서도 눈과 얼굴 표정이 부자연스러워진다. 그런데 괜찮다는 말만 곧이곧대로 믿고 상황에 어울리지 않는 유머를 남발하게 되면 분위기 파악 못하는 주책바가지가 될 수 있다.

내가 외국에 처음 나갔을 때 문화적 충격이라고 할 만큼 놀랐던 게 있다. 분명히 생전 처음 보는 사람들인데 길거리에서 눈이 마주치자 나를 향해 미소를 짓는 것이었다. 그것도 아주 예쁜 여자가 그럴 때는 가슴이 다 두근거렸다.

남자들도 마찬가지다. 외국 남자들은 여자를 찬양하라는 사명을 받고 이 땅에 태어난 것처럼 처음 본 여자에게도 미소와 칭찬을 아낌없이 퍼붓는다. 옆에서 보면 작업이라고 생각할 정도니 당사자인 여자가 착각하는 것도 무리가 아니다. 나도 처음에 낯선 사람들과 눈을 마주칠 때는 당황해서 머뭇거렸지만, 점점 그들의 문화에 익숙해지면서 내가 먼저 눈을 마주치는 사람들을 향해 "하이~" 하며 인사를 건넸다. 비록 짧은 영어 실력 때문에 기초적인 영어회화 수준밖에 안 되었지만, 그래도 처음 만난 사람들과 가벼운 대화를 주고받으면서 기분 좋은 하루를 즐길 수 있었다.

### ■■■■ 택시 기사

예술의 전당으로 가기 위해 택시를 탔습니다. 아저씨에게 당당히 말했습니다.
"전설의 고향으로 가주세요."
그런데 놀라운 건 기사 아저씨가 암말 않고 저를 예술의 전당에 내려주셨다는 겁니다.

**정의 3 - 유머를 잘하고 싶다면 everyday 유머로 하라!**

훌륭한 유머리스트들은 유머를 '특별한 기술이 아닌 호흡'이라고 말한다. 우리가 공기를 의식하면서 호흡하지 않듯이 유머도 습관처럼 자주 읽고 외우고 써먹다 보면 자연스럽게 몸에 익게 된다. 세상 모든 것처럼 유머도 연습하고 노력해야 실력이 느는 것이다.

한편 어떤 사람들은 유머가 개그맨처럼 말주변이 뛰어나고 타고난 재능이 있어야 가능하다고 생각하는데, 이것은 편견이다. 1만 시간 이상 노력해야 성공한다는 '1만 시간 성공의 법칙'은 유머에도 어김없이 적용된다. 그저 1만 시간 동안 열심히 유머를 단련하면 누구나 유머리스트가 될 수 있다.

유머러스해지고 싶은데 유머를 잘 몰라서 못한다고? 처음에는 짧고 간단한 유머퀴즈부터 시작해보는 게 좋다.

- 세종대왕이 만든 고등학교는?

　답 : 가갸거겨고교!

- 형과 동생이 싸웠는데 부모님이 동생 편만 들자 형이

　외치는 말은?

　답 : 형편없는 더러운 세상!!!

이렇게 재밌는 유머를 골라 거울 앞에 서서 혼자 연습해보는 것만

으로도 유머 습관이 단련된다.

한편 어떤 이는 말로 하는 유머가 영 자신 없다고도 말한다. 이것도 걱정할 필요 없다. 유머를 보여줄 수 있는 방법은 무궁무진하다. 재미있는 유머를 문자메시지나 이메일로 보내주면 된다. 웃기는 문자 유머 중에서 적당한 걸로 보내서 상대가 웃으면 성공이고, 안 웃으면 실수로 잘못 보냈다고 하면 되지 않나. 이처럼 유머는 재능이 아니다. 그저 상대에게 웃음을 주겠다는 열정과 노력만 있으면 누구나 할 수 있는 것이다.

# 03

# 유머와 말장난 구분하기

요즘 인터넷에서 '안습', '지못미', '완소' 같은 단어들이 널리 쓰이고 있다.

안습은 '안구에 습기가 차다' 는 말의 줄임말로 '눈물겹다' 는 말을 희화적으로 표현한 것이다.

지못미는 '지켜주지 못해서 미안해',

완소는 '완전히 소중한' 의 줄임말이다.

인터넷에서 광범위하게 쓰이는 이런 용어들은 유머를 바탕으로 하기 때문에 쉽게 공감대를 얻고 즐거움을 준다. 한때는 인터넷에서 사용하는 줄임말들이 국어를 파괴한다는 비난을 받기도 했다. 그러나 이 용어들은 이제 젊은 층과 청소년들 사이에서 신세대 언어로 확고하게 자리를 잡았다. 문제는 이런 용어들이 풍자와 즐거움을 주기는 하지만 적절하게 쓰이지 못하면서 말장난으로 전락할 위험이 있다는 점이다.

반면 인터넷 유행어 중에 훌륭한 내용들도 있다.

자살을 거꾸로 하면 '살자' 가 된다.

내 힘들다' 를 거꾸로 하면 '다들 힘내' 가 된다.

이 유행어는 단어의 앞뒤를 바꾼 것에 불과하지만 재미와 함께 생각거리를 안겨준다. 한때 음주운전으로 물의를 일으킨 연예인 때문에 네티즌 사이에서 모순어법 유머가 유행한 적도 있다.

"술은 마셨습니다. 그러나 음주운전은 하지 않았습니다."

라는 발언을 풍자한 수많은 패러디 유머들이 생겨났다.

예를 들어,

'저는 가수입니다. 하지만 라이브는 안 합니다.'

'저는 개그맨입니다. 웃기는 것 빼고는 다 잘합니다.'

'집을 털었습니다. 하지만 걸레는 훔치지 않았습니다.'

'저는 무신론자입니다. 그래서 신에게 감사합니다.'

이런 모순어법은 속담이나 명언과 함께 자주 쓰이는데 말장난에 가까운 언어적 놀이면서도 유쾌한 기분을 선사한다.

가련하다 사장집 아들딸들아 집장사 다 하련가

여보 안경 안보여

아 좋다 좋아

다들 잠들다

통술집 술통

다시 합창 합시다

색갈은 짙은 갈색

다 같은 것은 같다

자 빨리 빨리 빨자

짐 사이에 이사짐

나가다 오나 나오다 가나

소 있고 지게지고 있소

다 가져가다

다 이심전심이다

자꾸만 꿈만 꾸자

다 좋은 것은 좋다

여보게 저기 저게 보여

다 큰 도라지일지라도 큰다

아들 딸이 다 컸다 이 딸들아

## 유머와 말장난의 차이점은 무엇인가?

유머와 말장난에는 분명한 차이가 있다.

첫째는 공감의 차이다. 타인의 공감을 얻지 못하는 재치는 말장난에 불과하다. 유머는 같이 웃을 수 있는 언변을 뜻한다. 하지만 말장난에 불과한 유머는 말하는 사람 혼자만 웃거나 다른 사람의 기분을 상하게 만들 수 있다. 보통 말장난은 자기만 아는 이야기를 하거나 남을 배려하지 않고 재치를 지나치게 과시하려고 들 때 하게 된다. 이런 말장난을 즐겨 쓰는 사람은 친구도 얻기 힘들고, 비즈니스에서도 실패하기 쉽다.

둘째, 매너의 유무다. 상대의 약점을 유머 소재로 사용해서 다른 사람들을 웃기려고 드는 것은 유머가 아니다. 아무리 재밌더라도 상대가 불쾌해 하면 당장 그만둬야 한다. 그런데 "웃자고 하는데 죽자고 덤빈다" 면서 계속 웃기려 든다면 그것은 유머가 아니라 상대를 놀리는 일이 된다.

셋째, 상대와 눈높이를 맞춰야 한다. 어떤 유머를 듣고 다 같이 웃으려면 모두가 그걸 이해해야 한다. 그래서 유머는 상대와의 눈높이가 중요하다.

예를 들어 유치원에 가보면 아이들을 재미있게 해주려고 어른이 아이 같은 몸짓과 어투를 구사한다. 같은 어른이 보기에는 유치해도 아이들은 그래야 쉽게 이해할 수 있기 때문이다.

## ▪▪▪ 사자성어 유머

편집위원 - 편식과 집착은 위암의 원인이 된다

군계일학 - 군대에서는 계급이 일단 학력보다 우선이다

새옹지마 - 새처럼 옹졸하게 지랄하지 마라

발본색원 - 발기는 본래 색스(섹스)의 근원이다

침소봉대 - 침소(잠자리)에서는 봉(?)이 대접을 받는다

사형선고 - 사정과 형편에 따라 선택하고 고른다

좌불안석 - 좌우지간에 불고기는 안심을 석쇠에 구워야 제 맛

희로애락 - 희희낙락 노닐다가 애 떨어질까 무섭다

포복절도 - 포복을 잘해야 절도를 잘한다

구사일생 - 구차하게 사는 일평생

조족지혈 - 조기축구회 나가 족구하구 지랄하다 피본다

전라남도 - 홀딱 벗은 남자의 그림

임전무퇴 - 임금님 앞에서는 침을 뱉어선 안 된다

요조숙녀 - 요강에 조용히 앉아서 잠이 든 여자

박학다식 - 박사와 학사는 많이 먹는다

# 제2장

# 나는 누구지?

_멈추지 않는 한 천천히 가는가, 빨리 가는가 하는 것은 문제가 되지 않는다.

_울어본 적이 없는 젊은이는 야만인이며, 웃으려 하지 않는 노인은 어리석은 자다.


• 능력이란 무언가를 할 수 있음을 말하고 동기는 무엇을 하는지를 정해주며 태도는 그것을 얼마나 잘 할를 결정짓는다. - 루 홀츠

• 웃음은 내 안의 잠든 에너지를 살려내고 주변을 조화롭게 변화시킨다. -노사카 레이코

• 낙오자란 세 글자에 슬퍼하지 말고, 사랑이란 두 글자에 얽매이지 말고, 삶이란 한 글자에 충실하라! - 니체

• 행복은 훌륭한 선생이다. 하지만 역경은 그보다 더 훌륭한 선생이다. - 윌리엄 헤즐릿

• 불은 황금을 시험하고, 역경은 강한 사람을 시험한다. - 세네카

• 영원히 살 것처럼 꿈꾸고, 내일 죽을 것처럼 오늘을 살아라. -제임스 딘

# 자기부정 걷어차기

"아! 자유로워지고 싶어! 정말로 나답게 살고 싶다고!"

드라마 같은 데서 흔히 보는 절규다. 이렇게 외쳐댄 주인공은 평생 동안 꾹꾹 참았던 굴레를 훨훨 벗어던지고 자유를 찾아 떠난다. 그럴 때 나는 그를 응원하고 싶으면서도, 조금은 고개를 절레절레하게 된다. 진짜 나답게 살려면 무작정 떠나는 것만으로는 부족하다는 생각이 들어서다.

이처럼 '나답게' 살려면 먼저 해야 할 일이 있다. 바로 '나다운' 게 뭔지를 알아야 한다. 그럼 '나다운 것'은 어떤 것일까?

예를 들어, 사람들과 시끌벅적하게 어울리는 것보다는 혼자서 조용히 있는 걸 좋아하는 이가 사교계 여왕의 화려한 인생을 꿈꾼다면 그 사람은 자기를 너무 모르는 것이다. 즉, '진짜 나'가 아닌 '보여주기 위한 나'를 위해 사는 셈이다.

주변을 둘러보면 많은 이들이 '진짜 나'를 숨기고 '보여주기 위한 나'로 살아간다. 때문에 자신의 생각과 감정에 솔직하지 못해 혼란을 겪는다. '진짜 나'는 '이건 잘못이야'라고 생각하는데, '보여주기 위한 나'는 '괜찮다'고 말한다.

심지어는 '진짜 나'를 꾸짖으며 죄책감까지 느끼게 된다. 철저하게 자신을 속여 버리는 것이다. '보여주기 위한 나'를 더욱 완벽하게 만들려면 '진짜 나'를 억누를 수밖에. 그렇다면 이런 방식을 고수하면 '진짜 나'가 정말 사라질까?

천만에 말씀이다. 억누를수록 '진짜 나'는 점점 커진다. 그리고 폭발 직전에 이르러 나에 대한 부정적인 이미지를 키워간다. 또다시 그것이 내 안의 잠재능력을 억누른다. 끊임없이 갈등하게 만들고, 불안하고 초조하게 몰아 부친다. 이 때문에 '보여주기 위한 나'가 만든 인생은 아무리 죽자고 노력해도 별로 행복하지 못하다. 늘 마음 한구석이 허전하고, '이건 아닌 것 같은데'라는 씁쓸한 맛을 느끼며 살아야 한다. 이때 나다운 삶으로 다시 돌아서기 위한 방법은 딱 하나다. 비록 불만족스럽더라도 나 자신을 인정하고 받아들이는 것이다.

## 멘토의 조언 - 한미은행장이 아들에게 쓴 편지

• 약속 시간에 늦는 사람하고는 동업하지 말거라.

시간 약속을 지키지 않는 사람은 모든 약속을 지키지 않는다.


• 어려서부터 오빠라고 부르는 여자 아이들을 많이 만들어 놓거라.

그 중에 몇 명은 말도 붙이기 어려울 만큼 예쁜 아가씨로 자랄 것이다.


• 목욕할 때에는 다리 사이와 겨드랑이를 깨끗이 씻거라.

치질과 냄새로 고생하는 일이 없을 것이다.


• 식당에 가서 맛있는 식사를 하거든 주방장에게 간단한 메모로 칭찬을 전해라.

주방장은 자기 직업을 행복해 할 것이고, 너는 항상 좋은 음식을 먹게 될 것이다.


• 좋은 글을 만나거든 반드시 추천을 하거라.

너도 행복하고 세상도 행복해진다.


• 양치질을 거르면 안 된다. 하지만 빡빡 닦지 말거라.

평생 즐거움의 반은 먹는 것에 있단다.

• 노래하고 춤추는 것을 부끄러워하지 말거라.

친구가 너를 어려워하지 않을 것이며 아내가 즐거워할 것이다.


• 어려운 말을 사용하는 사람과 너무 예의바른 사람을 집에
초대하지 말거라.

굳이 일부러 피곤함을 만들 필요는 없단다.


• 변은 아침에 일어나자마자 누거라.

일주일만 억지로 해보면 평생 배 속이 편하고 밖에 나가 창피당하
는 일이 없다.


• 가까운 친구라도 남의 말을 전하는 사람에게는 절대로 속을
보이지 마라.

그 사람이 바로 내 흉을 보고 다닌 사람이다.


• 나이 들어가는 것도 청춘만큼이나 재미있단다. 그러니 겁먹지
말거라.

사실 청춘은 청춘 그 자체 빼고는 다 별거 아니란다.


• 밥을 먹고 난 후에는 빈 그릇을 설거지통에 넣어주거라.

엄마는 기분이 좋아지고, 여자친구의 엄마는 널 사위로 볼 것이
며, 네 아내는 행복해 할 것이다.


• 양말은 반드시 펴서 세탁기에 넣어라.

소파 밑에서 도너츠가 된 양말을 꺼내 흔드는 사나운 아내를 만나
지 않게 될 것이다.


• 네가 지금 하는 결정이 당장 행복한 것인지, 앞으로도 행복할
것인지를 생각하라.
법과 도덕을 지키는 것은 막상 해보면 그게 더 편하단다.


• 돈을 너무 가까이 하지 말거라.
  돈에 눈이 먼다.


• 돈을 너무 멀리 하지 말거라.
너의 처자식이 다른 이에게 천대받는다.
돈이 모자라면 필요한 것과 원하는 것을 구별해서 사용해라.


• 심각한 병에 걸린 것 같으면 최소한 세 명의 의사 진단을 받아라.
생명에 관한 문제에 게으르거나 돈을 절약할 생각은 말아라.


• 5년 이상 쓸 물건이라면 너의 경제능력 안에서 가장 좋은 것을
사거라.
결과적으로 그것이 절약하는 일이다.


• 베개와 침대와 이불은 가장 좋은 것을 사거라.
숙면은 쾌변과 더불어 건강에 가장 중요한 문제다.

• 너의 자녀들이 아버지와 친구가 되게 하거라.

친구는 너 말고도 많겠지만 아버지는 너 하나이기 때문이다.


• 오줌을 눌 때에는 바짝 다가서거라.

남자가 흘리지 말아야 될 것이 눈물만 있는 것은 아니다.


• 연락이 거의 없던 이가 찾아와 친한 척하면 돈을 빌리기 위한 것이다.

분명하게 '노' 라고 말해라. 돈도 잃고 마음도 상한다.


• 친구가 돈이 필요하다면 되돌려 받지 않아도 될 한도 내에서 모든 것을 다 해줘라.

그러나 먼저 네 형제나 가족들에게도 그렇게 해줬나 생각하거라.


• 자녀를 키우면서 효도를 기대하지 말아라.

나도 너를 키우며, 너 웃으며 자라는 모습으로 벌써 다 받았다.


## 우리는 주로 어떨 때 거짓말을 하는가?

세상에서 가장 많이 쓰이는 말이 뭘까? 3위가 영국어, 즉 영어다. 2위는 중국어다. 경제대국 중국의 위력을 입증하는 대답이다. 그럼 대망의 1위는?

바로 '거짓말' 이다. 사람이 하루 동안 한 번도 거짓말 안 하기는 힘들다.(헉, 나만 그런가?) 그런데 탈무드에서는 두 가지의 거짓말은 해도 된다고 했다. 첫 번째는 새로 산 물건이 별로 좋지 않아도 좋다고 이야기해주는 것, 두 번째는 친구의 아내가 아무리 못생겼어도 "미인과 결혼해서 행복하겠다"고 말해주는 것이다.

보통 우리는 잘못이나 치부를 숨기거나 솔직하게 말하기 부담스러울 때 거짓말을 한다. 사실 남을 속이거나 잘못을 은폐하려고 하는 적극적인 거짓말은 사기에 가까우므로 보통 간을 가진 사람들은 잘 못한다. 그래서 일반적으로 우리가 하는 거짓말은 예의상, 체면상, 업무상, 의리상 등등의 이유로 하는 하얀 거짓말, 선의의 거짓말인 경우가 많다. 예를 들어 상사가 듣기 싫은 말을 했을 때 부하는 어떻게 말하는 게 좋을까? 아래 유머를 한번 보자.


하루는 상사가 평소 부하의 느린 행동이 못마땅한 것에 대해 돈잔을 주었다.

"자네는 일도 느리고, 걸음도 느리고, 말도 더디고, 알아듣는 것도 더뎌. 도대체 자네가 남들보다 빨리하는 게 뭔가?"

부하직원이 자신 있는 표정으로 대꾸했다.

"전 일을 하면 빨리 피곤해집니다."

"으아! 피곤한 놈!!"

다음날 점심시간, 그 부하가 밥을 두 그릇이나 먹는 것을 본 상사가 빈정거리듯 말했다.

"아예 저녁까지 미리 먹는군. 물론 일도 그만큼 열심히 하겠지?"

오후가 되어 그 부하가 빈둥거리자 상사가 핀잔을 주었다.

"이봐 자넨 왜 일을 안 하는 거야?"

"전 원래 저녁 먹고 나면 일을 안 하는데요."

"으아! 피곤한 놈!!"


'사사건건 느려 터졌다' 는 상사의 노골적인 핀잔을 듣고 기분 좋을 사람 없다. 밥 좀 많이 먹는다고 은근히 빈정거리는 것도 감정을 상하게 할 수 있다. 하지만 대놓고 말대꾸를 하거나 기분 나쁜 심정을 그대로 드러내는 것은 현명한 태도가 아니다. 그보다는 웃음 섞인 유머러스한 항변을 통해 격한 감정을 감추고 상대의 호의를 얻는 편이 백배 낫다.

### ■■■ 선생님은 못 속여

한 아이가 선생님에게 혼나고 있었다.

"숙제를 이 모양으로 해 오면 어떻게 해! 내일 학교로 아버지 모시고 와!"

아이는 뒤통수를 벅벅 긁더니 말했다.

"이 숙제 아버지가 해주신 거 어떻게 아셨어요?"

## ■■■ 누군가 화장실 문을 열었을 때!

화장실에서 실례를 하고 있는데 아뿔싸! 누군가 문을 확 열어
버렸다.
실례를 하고 있던 장면을 들켜 버렸을 때 사람들은 놀라서 아
무 말을 못 하거나 소리를 지른다.
하지만 이제부터 당당히 이렇게 말해보자.
"다 보여드리지 못해서 죄송합니다."


### 유머는 가장 멋진 거짓말이다

미국 정치계에서는 정치인이 갖춰야 할 면모 중에 유머를 중요한
덕목으로 여긴다. 혼란스럽고 괴로운 정치 상황에서는 지성미와 위
트가 있어야 문제가 터져도 잘 넘기기 때문이다.

그중에서 케네디 대통령은 따뜻한 웃음과 유머러스한 언변으로
비록 재임기간은 1,000일에 불과했지만, 아직도 미국인들 마음에
가장 위대한 대통령으로 기억되고 있다.

하루는 케네디 대통령이 백악관 집무실에서 보좌관들과 환담을
나누고 있었다. 그날 그는 아우인 로버트 케네디 법무장관이 백악관

에서 가장 영향력이 있는 사람이라는 기사가 실린 한 시사주간지를 보고 있었다. 그때 마침 케네디 법무장관으로부터 전화가 왔다. 그러자 전화기를 든 케네디 대통령이 정색을 하고 동생에게 말했다.

"여보세요? 나는 백악관에서 두 번째로 영향력이 있는 사람입니다만."

그 말에 사람들이 폭소를 터뜨렸다. 케네디는 이 멋진 거짓말 한 마디를 통해, 케네디 법무장관의 정치행보에도 주의도 주고 그 기사를 쓴 기자에게도 따끔한 경고를 날릴 수 있었다. 이 얼마나 세련되고 우아한 거짓말인가.

만약 케네디가 정색을 하고 불쾌한 심정을 그대로 드러냈더라면 동생보다 못한 형이란 평판밖에 못 얻었을 것이다.

### - 믿거나 말거나 그래도 거짓말!

남대문 리어카 아저씨: 이거 밑지고 파는 거예요.
(속마음: 그래도 남는다!)
정치가: 단 한 푼도 받지 않았습니다.
(속마음: 한 푼 안 받고 엄청 받았지!)
신인 배우: 외모가 아닌 실력으로 인정받고 싶어요.
(잘 생겼어요?)
노동자: 내일 당장 때려치운다!! (저-짤르지 마세요!)
간호사: 이 주사는 하나도 안 아파요.

(속마음: 나는 안 아프고 넌아파 ㅋㅋ)

엄 마: 대학 가면 살 빠지니까 지금은 부지런히 먹어.

(속마음:먹는 것 만큼 공부 열심히 해라)

웨딩 사진사: 내가 본 신부 중에 젤 예뻐요.

(속마음: 팁이나 많이 주세요!)

약장수: 이 약 한번 잡숴 봐! 팔 다리 어깨, 허리, 간장, 위장, 소장, 대장 다 시원해져 !(속마음: 진짜 그러면 이 장사 하겠냐?)

옷가게 주인: 어머! 언니한테 딱이네. 완전 맞춤복이야.

속마음: 피곤한데 또 입어봐?)


## _이게 가능할까요? 도전해보세요!!

1. 뒤로 넘어져도 코가 깨진다.

2. 접시 물에도 빠져 죽는다.

3. 호랑이 굴에 끌려가도 정신만 차리면 산다.

4. 서당 개 삼년이면 풍월을 읊는다.

5. 사공이 많으면 배가 산으로 간다.

6. 여자가 한을 품으면 오뉴월에도 서리가 내린다.

7. 지렁이 어금니 가는 소리한다.

*한 가지라도 가능하면 상품으로 제주도 섬을 드리겠습니다.

## 가면놀이에 빠진 사람들

사람들은 누구나 열등감이 있다. 잘난 사람도 못난 사람도 남보다 부족한 것에 성내고 부끄러워한다. 문제는 그 열등감을 극복하지 못할 때다.

열등감은 일종의 정신적 세뇌 같은 것이기 때문에 여기에 집중하기 시작하면 자신의 장점이나 잠재능력을 살리지 못하는 불행한 사태가 발생한다. 이런 사람은 자신감이 결여되어서 과장된 언행을 하거나 인생에 대해 소극적이고 패배적인 감정에 빠지게 된다. 그래서 열등감에 찌든 사람들은 자신을 혐오해서 쉽게 자기비하에 빠지게 된다.

- 난 못났어. 중소기업에 다닌다고 -〉 자학의식

- 나란 놈은 되는 게 없어. 답이 없어 -〉 절망적 태도

- 대기업은 악이다 -〉 세상에 대한 적대감

- 스트레스와 알코올 중독으로 퇴사 당함 -〉 저주의 현실화

이렇게 자신에 대해 부정적 이미지를 가지기 시작하면 추락은 금방이다. 우울과 불안, 분노, 질투, 공포 같은 부정적인 감정이 한꺼번에 덮쳐온다. 그뿐인가. 자기 못난 점을 감춰야 한다는 생각 때문에 항상 불안할 수밖에 없고, 그걸 감추느라 많은 에너지를 소비해

야 한다. 그도 아니면 좋은 평을 얻기 위해 항상 억지 미소를 짓고 평온한 얼굴을 가장해야 한다. 인내심 많고 웬만한 일에는 화나지 않는 통 큰 사람이란 걸 보여주기 위해서 가면을 쓰고 연기를 한다.

이제 이따위 연기는 집어치우자. 가면을 오래 쓰고 있으면 흐흡 곤란으로 병원에 실려 갈 일밖에 없다. 최선의 수비는 공격이라고 했다. 내 단점을 감추는 데 급급하면 이상하게도 그것만 눈에 뜨인다는 걸 아는가? 그러니 차라리 확 오픈시켜버려라.

어떻게? 유머러스하게.

"우리 집은 참 가난해요. 기사 아저씨도 가난하고 가정부도 가난하고 비서 아가씨도 가난해요. 가난해서 미치겠어요."


### ■■■ 부자와 가난한 자의 차이

_부자는 지갑에 '회원권' 을 넣고 다니고, 가난한 자는 '회수권' 을 넣고 다닌다.

_부자는 '사우나' 에 가서 땀을 빼고, 가난한 자는 '사우디' 에 가서 땀을 뺀다.

_부자는 주로 '맨션' 에서 살고, 가난한 자는 '맨손' 으로 산다.

_부자는 매일 '쇠고기 반찬' 을 먹고, 가난한 자는 거의 '쇠고기 라면' 으로 때운다.

_부자는 영양과다로 '헬스' 클럽에 다니고, 가난한 자는 영양

부족으로 '헬쑥' 한 얼굴로 다닌다.

_부자는 '개소주' 를 마시고, 가난한 자는 '깡소주' 를 마신다.

## 멋진 관계가 멋진 나를 만든다

아무리 부정적인 사람도 긍정적이고 좋은 사람 곁에 있으면 좋은 에너지를 받게 된다. 좋은 관계가 자신감을 만들어주는 원인이 되기 때문이다. 만일 끔찍한 자기비하에 시달리고 있다면 멋진 사람과 친구가 되어야 한다.

좋은 친구를 만들고, 멋진 친구가 되는 비법은 의외로 아주 쉽다. 바로 나부터 만나면 재밌고 유쾌하고 대화가 잘 통하는 사람이 되겠다고 다짐하고 노력하면 된다. 무엇이든 노력과 정성을 기울이면 그만큼 대가를 얻기 마련이다.

친구를 잘 사귄다는 것은 자기 마음을 잘 표현하고, 상대의 마음을 잘 이해하는 노력의 과정이다. 친구 수가 많다고 친구를 잘 사귀는 게 아니다. 중요한 건 친구 간에 관계를 잘 유지하기 위해 서로 얼마나 노력하는가이다. 내가 먼저 내 소중한 친구를 웃게 만들자고 노력한다면, 좋은 친구를 얻고 멋진 친구가 되고 자신에 대해서도 자부심을 가질 수 있게 된다.

자, 공책과 볼펜을 준비해 재미있는 유머를 적어보라! 생물학자

다윈은 '적자생존' 이라고 말했다. 적는 자만이 생존할 수 있다!



1. 말 한마디로 천 냥 빚을 얻는다.
2. 분식집 개 삼 년이면 배달도 한다.
3. 아는 길은 네비게이션 켜지 마라.
4. 호랑이한테 물려가도 내가 먼저 물면 산다.
5. 예술은 길고 인생은 아쉽다.
6. 못 올라갈 나무는 사다리 놓고 올라라.
7. 버스 지나간 뒤 손 들면 백미러로 보고 선다.
8. 재수 없는 놈은 뒤에 앉아도 분필 맞는다.
9. 세 살 담배 여든 간다.

## 나는 내가 좋아!

자신에게 긍정적인 사람은 타인에게도 긍정적이고 너그럽다. 그러려면 우선 나 자신을 귀하게 여겨야 한다. 이런 것을 자아존중감이라고 한다. 그런데 우리는 살면서 여러 일을 겪는 과정에서 이 자아존중감에 상처를 입게 된다. 몸에 상처가 나면 약을 잘 발라줘야 덧나지 않고 새살이 돋는다. 마찬가지로 상처 입은 자아존중감에도 약을 발라주고 정성껏 다독여주는 일이 필요하다. 그래야 유머가 살아난다.

다음의 실천법은 상처받은 자아존중감을 케어하고 관리하는 방법이다.


● **자신에게 자주 긍정적인 대화를 건네라**

아침에 일어나 거울을 보고 자신을 향해 즐겁고 기분 좋은 말을 해주면, 실제로 칭찬 받은 것처럼 기분이 좋아지게 된다. 어떤 여자 연예인은 어렸을 때부터 거울로 얼굴을 보면서 예쁘다는 말을 자꾸 해줬더니 어느 날 정말 예뻐졌더라고 말해서 모두를 웃게 만든 적이 있다.

하지만 이것은 사실이다. 자신을 향해 "넌 그 일을 잘 해낼 수 있어", "넌 매우 훌륭하고 똑똑해" 이런 긍정과 격려의 말을 해주면 내 몸과 마음도 좋은 방향으로 작동하게 된다. 자신에게 "너를 아주 많이 사랑하며, 매우 고마워하고 있다"는 사랑과 감사의 말을 자주 건네자.


● **자신에게 상을 주어라**

특별한 날이 아니더라도 자신을 위해 가끔씩 상을 주는 것도 좋다. 어려운 과제를 무사히 해냈을 때나 보람을 느끼고 싶을 때, 평소 먹고 싶었지만 비싸서 못 먹었던 음식들을 자신에게 아낌없이 선물해주자. 타인에게는 관대하면서 자신에게는 인색한 사람들이 많다. 그렇다고 허영기를 충족시키라는 것이 아니다. 자신의 마음과 몸을 소중하게 대하라는 것이다. 자아존중감은 타인에 의해 만족되는 것이 아니라, 오직 자신의 애정과 정성으로만 충족될 수 있음을 기억하자.

● **항상 단정하게 자신을 돌봐라**

화가 나거나 어떤 일에 크게 실망했다고 해서 자신을 방치하는 것은 어리석다. 특히 식사를 거르거나 집안을 지저분하게 둬서는 안 된다. 그럴수록 자신의 몸을 소중히 여기고 생활하는 공간을 깔끔하고 단정하게 유지해야 한다. 가장 깔끔하고 가장 좋은 옷을 입고 가장 좋은 음식을 먹기 위해 항상 신경 써야 한다.

여기에는 비싼 옷과 음식이 필요한 게 아니다. 자기 기분과 마음에 귀를 기울이고 몸이 불편한 곳이 없는지 신경 써서 살피라는 의미다. 사람들은 자기를 사랑하고 존중하는 사람을 사랑한다. 자신을 미워하고 학대하면 아무도 당신을 사랑하지 않게 된다는 점을 잊지 말자.

좀 더 열심히 살 girl

수업시간에 좀 더 열심히 공부할 girl

수업시간에 딴 짓 하지 말 girl

부모님 말씀 좀 더 잘 들을 girl

운동도 이것저것 많이 배워둘 girl

친구들을 많이 사귀고 깊은 우정을 쌓아둘 girl

좋은 책을 많이 읽어서 교양을 좀 더 늘려놓을 girl

텔레비전을 좀 적게 볼 girl

엄마가 싸준 반찬을 가지고 투정을 부리지 말 girl

술 좀 적게 마실 girl

글을 좀 많이 써둘 girl

여행을 좀 많이 할 girl

공부하면서 연애도 좀 해볼 girl

놀 때는 좀 더 확실하게 놀 girl

확실한 나만의 개인기를 만들어놓을 girl

악기도 몇 가지 배워둘 girl

내가 가진 것을 남에게 조금만 더 나누어줄 girl

이런 얘기들이 안 나오게 할 girl

여러분들은 이런 girl을 차버리지 마세요.

## 세상은 이런 사람을 요구한다

존 맥스웰의 〈열매 맺는 지도자〉라는 책에 나온 리더의 자격을 살펴보면 성공한 리더들은 책임자 의식으로 '나다운 나'로 살아가는 사람들이라는 것을 알 수 있다. 그들이 성공의 자리에 오를 수 있었던 비결도 바로 자신의 인생에 대해서 책임자 의식을 가졌기 때문이다. 그래서 세상에 성공한 리더들은 한결 같이 미소 띤 얼굴과 유머러스한 면모를 가지고 있다. 그들의 미소와 유머는 자신을 신뢰하고 컨트롤할 수 있다는 자신감과 여유에서 비롯된 것이다.

**성공하는 리더들의 조건을 살펴보자.**

- 꼭 필요한 때에 적절한 방법으로 영향력을 발휘하는 지도자

- 비난은 자기에게, 칭찬은 다른 사람에게 돌리는 지도자

- 사람들을 인도하기 전에 자기 자신을 바로 인도할 수 있는 지도자

- 늘 비슷한 해답이 아닌 초 상의 해답을 찾아내는 지도자

- 자신보다는 자신의 조직과 사람들에 더 큰 의미와 가치를 부여하는 지도자

- 자신의 유익보다는 다른 사람들의 유익을 위해 희생하는 지도자

- 자신을 다루는 데는 머리를, 다른 사람을 움직이는 데는 가슴을 사용하는 지도자

- 바른 길을 알고, 그 길을 가며, 그 길을 열어 보여줄 수 있는 지도자

- 사람들을 위협하거나 교묘하게 이용하지 않고, 그들에게 영감을 주고 가슴에

  동기를 심어 주는 지도자

- 자신의 인격을 지위보다 더 중요하게 인식하는 지도자

- 여론의 물결을 따라가기보다는 바른 여론을 형성해 가는 지도자

- 특별한 책임을 수행해야 하는 경우 외에는 자신을 다른 사람들 위에 두지 않는
  겸손한 지도자

- 큰일뿐만 아니라 작은 일에도 정직한 지도자

- 먼저 자신을 다스림으로써 다른 사람들에게 다스림을 받지 않는 지도자

- 실패를 재기의 기회로 삼는 지도자

- 유행에 상관없이 언제나 올바른 방향을 제시하는 도덕적 나침반을 가진 지도자

## ■■■■ 회식의 스타! * 주목받는 건배사를 외치자

멋진 리더는 회식 자리나 모임에 맞는 재치 있는 건배사 몇 개를 꼭 알아두어야 한다. 멋진 건배사로 좌중에게 웃음을 주는 것은 물론 당신에 대한 이미지까지 업 시킬 수 있다.

소녀시대 : 소중한 여러분들 시간을 위해 잔을 대보자
원더걸스 : 원하는 만큼 더도 말고 걸러서 스스로 마시자
CEO : 시원하게 이끌어주는 오너
삐빠따 : 삐지지도 빠지지도 따지지도 말고 참석하자
사이다 : 사랑합니다. 이 생명 다 바쳐서~!
거시기 : 거절 말고 시방부터 기가 막히게 보여주자 /
　　　　　거절하지 말고 시키는 대로 기쁘게

고사리 : 고마워요 사랑해요 이해해요

개나리 : 계급장 떼고 나이는 잊고 회식자리의 수평적 관계 강조

나이아가라 : 나이야! 가라!

나가자 : 나라와 가정과 자신을 위하여!

남존여비 : 남자가 존재하는 이유는 여자의 비위를 맞추기 위해
　　　　　서다

니나노 : 니하고 나하고 노력해서 / 니도 한잔 나도 한잔 노래방
　　　　으로!

단무지 : 단순 무식하게 지금을 즐기자

당나귀 : 당신과 나의 귀중한 만남을 위하여 (인연과 관계의 소중
　　　　함을 강조)

당신멋져 : 당당하게 살자, 신나게 살자, 멋지게 살자, 져주며
　　　　　살자

뚝배기 : 뚝심 있고 배짱 있고 기운차게

마당발 : 마주앉은 당신의 발전을 위하여

마돈나 : 마시고 돈 주고 나가자

매출은 : (선창) 올리고(후창), 핸디는(선창) 내리고(후창),

사랑은 : (선창) 길게(후창), 불륜은(선장) 짧게(후창)

무조건 : 무지 힘들어도 조금만 참고 건승하자

부자유친 : 부드럽고 자상하고 유연하고 친절하게

소나기 : 소통 나눔 기쁨

여필종부 : 여자는 필히 종부세를 내는 남자를 만나야 한다

여보당신 : 여유롭고 보람차고 당당하고 신나게

오바마 : 오래오래 바라는 마음먹은 대로/오직 바라고 마음먹
         은 대로 이루어지길
적토마 : 적당히 토하고 마시고
재건축 : 재미있게, 건강하게, 축복받자
재개발 : 재치있고 개성있고 발랄하게
지화자 : 지금부터 화끈하게 놀자 / 지금부터 화목한 자리를
         위하여
파란만장 : 파란색(1만원) 1만 장이면 1억 원이 된다.
         파란만장!(선창) 억!(후창)
해당화 : 해가 갈수록 당당하고 화려하게 살자

# 02

# 인생을 바꾸는 예스맨 따라하기

인생은 선택의 연속이다. 점심 메뉴를 자장면으로 하냐 볶음밥으로 하냐에 따라 그날 오후가 달라질 수도 있다. 나는 사소한 선택은 되도록 빨리 한다. 점심 메뉴는 뭐로 할지, 저녁 때 약속 장소는 어디로 할지 등등의 것이다. 이런 사소한 것은 선택에 실패해도 큰 후유증이 없으니 마음이 가볍다. 그런데 이런 사소한 선택도 하기 힘들어하는 사람들이 많다. 식당에 가서 뭐 먹겠냐고 물으면 꼭 '아무거나' 라고 말한다. 아무리 눈을 씻고 봐도 메뉴판에 '아무거나' 라는 메뉴는 없는데도 말이다.

이건 그래도 큰 문제가 아니다. 더 중요한 건 점심식사 같은 사소한 선택이 아니라 인생에 영향을 미치는 큰 선택을 할 때다. 예를 들어, 어떤 대학 어느 학과에 진학할 것인가, 사회 첫 발을 어떤 분야로 선택할 것인가, 누구와 결혼할 것인가, 집은 어디에 구할 것인가 등등 인생의 고비 고비마다 부딪쳐야 하는 문제들이 있다. 이런 문제야말로 심사숙고와 많은 정보가 필요하다. 이때는 순간의 선택이 인생을 결정할 수도 있으니 진지하고 객관적인 자세가 필요하다. 인생을 잘 산다는 건 결국 현명한 선택을 했다는 뜻 아니겠는가?

그렇다면, 어떻게 하면 현명한 선택을 할 수 있을까? 최선까지는 아니더라도 덜 후회할 수 있는 선택을 할 수 있는 방법이 있을까?

## 선택을 잘하는 방법

앞으로 인생에 어떤 일들이 일어날지를 모두 예측하는 건 불가능하다. 그래서 대부분은 가급적 예측가능한 일을 하고, 그 범위를 벗어나려 들지 않는다. 통제 불능의 상태를 방지하기 위해서다. 하지만 이럴 때조차 우리는 예측하기 힘든 미래를 최소한의 데이터로 선택해야만 한다. 아니면 그냥 찍거나!

이런 상황일 때 조금이나마 더 나은 선택을 하려면 무엇을 기준으로 고민하는 게 좋을까?

나는 어떤 선택을 할 때 고민의 1순위를 무조건 '나 자신'에게 둔다. '내가 좋아하는 일인가?' '내가 하고 싶어 하는 일인가?' 이 고민으로 'Yes'나 'No'를 선택한다. 'No'라면 고민할 가치가 없으니 그냥 잊어버린다. 반면 'Yes'일 때는 여러 가지로 고민해본다.

그 다음은 '그 일을 하면 재밌을 것인가?'이다. 재미만큼 일의 활력을 높여주고 좋은 성과를 보장해주는 원동력이 없다. 아무리 돈 많이 버는 일도 재미없으면 오래 하기 힘들고, 하는 동안에도 계속 괴로워해야 한다. 그러면 결과는 보나마나이다.

그리고 마지막 기준이 '꼭 해야 하나?'이다. 여기서 'Yes'가 나오면 그 일을 선택한다.

사람들이 선택을 어려워하는 건 한꺼번에 님 보고 뽕도 따고 도랑 치고 가재까지 잡는 최상의 선택만 하려 들기 때문이다. 하지만 세상사 그런 선택은 애초에 존재하지 않는다. 만족의 기대치를 지나치게 높여 놓으면 아무것도 선택할 수 없게 된다.

제일 미련한 건 이러지도 저러지도 못하고 엉거주춤하는 것이다. 그렇게 기회를 놓쳐버리고 원하지 않는 선택지를 받아들고 나서야 이건 내가 원했던 게 아니라고 항의해봐야 소용없다. 선택의 기회를 허비해버린 자기 잘못은 까맣게 잊고 남 탓하기 바쁘니 뒷북친다는 말밖에 나올 게 없다.

난 이 세 가지를 기준으로 선택했던 만큼 지금까지 별로 후회가 없었다. 내가 좋아하고, 재미있는 일이고, 꼭 해야 하는 일이라는데 뭐가 더 필요하겠는가. 덕분에 지금까지 일을 해오면서 별로 실패해

본 경험도 없다. 운이 좋아서도 있겠지만, 꼭 필요한 기준으로 선택한 덕이 아닐까 싶다.

이 책을 읽다가 재밌는 유머를 보고 웃을 것인가 말 것인가, 말하는 얘기를 귀담아들을 것인가 말 것인가도 각자의 선택이다. '에이, 시시해' 하며 지나쳐버릴 수도 있고, '가만 보니 재미있네' 라며 한 번 시원하게 웃을 수도 있다. 어느 쪽이든 당신의 선택에 달려 있다.

### ■■■ 이리 갈까 저리 갈까 돌아갈까?

5위: 자장면이냐 짬뽕이냐….
4위: 모범택시 잡았는데 뒤에 일반택시가 오고 우리 집 가는 텅 빈 버스가 올 때
3위: 엄마가 '맞고 대답할래, 대답하고 맞을래? 맞으면서 대답할래?' 할 때
2위: 우산 챙겼는데 비 그칠 때
1위: 막차 오는데 화장실 가고 싶을 때

### ■■■ 세상에서 절대로 알 수 없는 것 3가지

개구리 뛰는 방향
주식 뛰는 방향
여자의 마음

## 내가 무조건 옳아

2008년도에 클래식 음악을 소재로 한 〈베토벤 바이러스〉라는 드라마가 인기를 끈 적이 있다. 매우 이색적인 소재와 잘 짜인 대본 덕분이기도 하겠지만, 이 드라마의 인기 요인은 '강마에'라는 독불장군형의 인물 때문이었다. 세계적인 마에스트로인 강마에는 오직 음악만을 위해 산다. 그에게는 가족이나 애인, 친구조차도 음악에 방해되는 불필요한 존재일 뿐이다. 그는 음악을 위해 자신의 모든 것을 헌신하는데, 문제는 그 열정을 다른 사람에게도 강요한다는 것이었다. 연주를 못하면 '똥덩어리'라는 막말을 일삼고, "너희들은 내 악기야"라는 인격모독적인 발언도 서슴지 않는다. 물론 드라마가 진행되면서 그는 음악 외의 다른 가치들에 대해서도 소중함을 깨닫고, 서툴지만 사람들과 관계를 맺으며 서서히 변화해간다.

그런데 사람들은 현실에서 본다면 무지 재수 없을 이 인간에게 왜 신드롬까지 일어날 정도로 열광했을까. 이에 대해 〈사람을 읽으면 인생이 즐겁다〉라는 책에서는 '강마에 신드롬'에 대해 이렇게 분석한다. 강마에의 독불장군식의 행동이 '집단이나 조직 중에 소수파가 다수의 의견에 양보하거나 굴복하지 않고 자신의 의견을 분명히 주장하면 다수파를 움직이는 데 영향을 미칠 수 있다'는 '마이너리티 인플런스(minority influence)' 현상을 눈으로 보여줬다는 것이다. 하지만 이 강마에와 드라마가 아닌 가정이나 직장에서 얼굴

마주치고 살아야 한다면 어떨까?

올해 취업포털 잡코리아에서 국내외 기업에 재직 중인 20~30대 남녀 직장인 717명을 대상으로 '직장 내, 꼴불견 직장동료 유형'에 관해 설문조사를 실시한 적이 있었다. 그 결과, 직장인 10명 8명에 해당하는 83.4%가 사내 꼴불견 1위로 '뭐든 자기 마음대로 하려는 독불장군형(35.5%)'을 꼽았다.

사실상 드라마가 아닌 현실의 독불장군형은 사회뿐만 아니라 가정이나 친구들 사이에서도 환영 받기 힘들다. 여기서 세계 최고의 동기부여가인 브라이언 트레이시의 말을 기억해보자.

"성공의 85%는 인간관계에 달려있고, 훌륭한 인간관계를 만드는 핵심은 바로 웃음이다."

즉 독불장군은 인간관계 형성 자체가 힘든데 무슨 수로 성공을 꿈꾸겠는가?

물론 과거 산업화 시대에는 밀어붙이는 추진력으로 기업을 일군 이들이 많았다. 그때는 독불장군처럼 밀어붙이는 CEO를 카리스마 있고 추진력 있다고 좋아했다. 하지만 지금 시대는 다르다. 독불장군형이 최악의 카리스마로 평가받는다. 최근 수많은 기업들이 펀 경영이니 서번트 감성 경영을 도입해 새로운 마인드로 무장하고, 리더의 덕목으로 유연하고 수평적인 사고방식과 유머를 꼽는 것도 이런 트렌드의 반영이다.

이처럼 모두가 지금까지의 습성을 버리고 새롭게 변화하려고 노력하는데, 아직도 자신의 좁은 틀에 갇혀서 내가 옳다고 외친다면 얼마나 우습고 어리석은 짓이겠는가. (뭐? 그래도 내 말이 옳다고?)

그렇다면 할 수 있는 답은 한 마디다.

"그럼 니 뜻대로 하세요."

### ■■■ 주변에 이런 사람 있으면 신고해주세요!

구제역이 양재역 다음역이라고 우기는 사람

비자카드 발급 받고 미국 가는 비자 발급 받았다고 우기는 사람

진짜 고급 레스토랑에서는 돈가스도 소고기로 만든다고 우기는 사람

갈매기살 먹고서 바다에 있는 갈매기 고기 먹었다고 우기는 사람

갈매기살과 제비추리는 새의 고기라고 우기는 사람

## 긍정만이 현실을 만든다

내 주변의 현실을 찬찬히 살펴보자. 직업, 가족, 살고 있는 집, 연봉, 취미, 입고 있는 옷까지 전부 다.

이중에 당신이 선택하지 않은 것이 있는가? 이 옷은 아내가 사준 거니까 내가 선택한 게 아니라고? 엄밀히 말하자면 그것도 당신이

선택한 것이다. 당신이 사지 말라고 적극적으로 만류했다면 지금 당신은 그 옷 대신 다른 옷을 입고 있을 것이다.

즉, 선택하지 않는 것도 소극적인 선택 중의 하나다. 소극적 선택을 많이 하는 사람은 기도도 두루뭉술하게 한다. 그러나 종교에서 청원기도를 할 때 보면 구체적인 내용과 확실한 목표가 필요하다고 말한다. '잘 되게 해주세요', '부자 되게 해주세요' 이렇게 기도하면, 신도 제대로 들어줄 수가 없다고 한다. 뭘 원하는지 구체적으로 말해야 들어줄지 말지 빨리 판단할 것 아닌가.

신은 말 안 해도 다 알아서 해준다고? 이런 불확실한 기도를 하는 사람이 어디 당신뿐이겠는가. 신도 바쁘다 보니 일단 내용이 확실한 기도부터 들어줄 수밖에.

그렇다면 사람들은 왜 적극적 선택을 어려워하는 것일까? 그리고 현재의 결과를 자기 선택의 책임이 아니라고 여기는 걸까?

### ■■■■ 기적의 사다리

당나귀가 빈 우물에 빠졌다.
농부는 슬프게 울부짖는 당나귀를 구할 도리가 없었다.
마침 당나귀도 늙었고 쓸모없는 우물도 파묻으려고 했던 터라 농부는 당나귀를 단념하고 동네 사람들에게 도움을 청하기로 했다.

동네 사람들은 우물을 파묻기 위해 제각기 삽을 가져와서는 흙을 파서 우물을 메워갔다.

당나귀는 더욱 더 울부짖었다.

그러나 조금 지나자 웬일인지 당나귀가 잠잠해졌다.

동네 사람들이 궁금해서 우물 속을 들여다보니 놀라운 광경이 벌어지고 있었다.

당나귀는 위에서 떨어지는 흙더미를 털고 털어 바닥에 떨어뜨렸다.

그래서 발밑에 흙이 쌓이게 되고, 당나귀는 그 흙더미를 타고 점점 높이 올라오고 있었다.

그렇게 해서 당나귀는 자기를 묻으려는 흙을 이용해 무사히 그 우물에서 빠져 나올 수 있었다.


정말 그렇다. 사람들이 나를 매장하기 위해 던진 비방과 모함과 굴욕의 흙이 오히려 나를 살린다. 남이 진흙을 던질 때 그것을 털어버림으로써 더 성장하고 높아질 수 있는 '영혼의 발판'을 만드는 것이다.

그래서 어느 날 그 「곤경의 우물」에서 벗어나 자유롭게 살아갈 수 있는 날을 맞이하게 된다. 우리도 이 지혜로운 당나귀처럼 뒤집어서 생각할 줄 알아야 한다.

나는 매우 힘든 상황에 처하거나 우울하고 슬픈 기분이 들 때마다

이 〈기적의 사다리〉 이야기를 다시 읽어본다. 여러분도 그런 순간이 닥칠 때마다 이 지혜로운 당나귀를 떠올려보시기를 바란다.

## 결단력의 미학

세계적인 거부 카네기가 성공학자 나폴레온 힐에게 성공학에 대한 책을 집필해줄 것을 의뢰했을 때였다. 그 작업은 수년간의 집필 시간과 방대한 자료조사가 필요한 큰 프로젝트였다. 결국 나폴레온 힐은 이 제안을 받아들여 책을 집필했고, 그로 인해 큰 명성을 얻게 되었다.

그런데 나폴레온 힐이 이 결정을 하는데 걸린 시간은 얼마일까? 고작 29초였다. 훗날 카네기는 나폴레온과의 일을 회고하면서 만일 그가 고민을 1분 이상 하면 제안을 철회할 작정이었다고 말했다. 29초의 짧은 시간이 나폴레온의 운명을 바꾼 것이다.

그렇다면 나폴레온 힐은 어떻게 29초의 짧은 시간 동안 이처럼 중대한 결정을 내릴 수 있었을까? 그것은 바로 자신감 있는 결단력의 힘이었다. 나폴레온 힐은 평소에 자신이 원하는 게 무엇인지를 잘 알고 있었다. 그리고 그 기회가 다가오자 망설임 없이 낚아챘다. 이보다 좋은 기회는 쉽게 다가오지 않는다는 걸 알았기 때문에 이것저것 생각하지 않고 자신감 있게 'OK'를 외친 것이다. 만일 그가 '이 일을 못해내면 어떡하지?' 라는 걱정을 단 1초라도 했다면 아마 29

초 안에 결단을 내리지 못했을 것이다.

이렇게 결단을 잘 내리려면, 자기가 원하는 것을 확실하고 구체적으로 알고 있어야 한다. 그래야 기회가 왔을 때 잡을 수 있다. 자기가 뭘 원하는지를 모르던 아무리 좋은 기회가 와도 소용없다. 버스가 떠난 다음에야 아쉬워하면서 '그때 그걸 잡았어야 하는데…' 탄식할 뿐이다.

당신의 결단력은 어느 정도일지 알고 싶은가? 한 가지 방법이 있다. 중국 음식을 시킬 때 자장과 짬뽕 중에 하나를 택하는 데 얼마나 걸리는가? 10초가 넘어가면 당신은 우유부단한 사람에 속한다고 봐야 한다. 이 간단한 것도 빨리 결정하지 못한다면 나머지 결단력도 돌이켜봐야 한다.

그런데 결단을 못 내리는 사람들에게는 특징이 있다. 시간이 지나면 좀 더 좋은 선택이 가능해질 거라는 착각 때문이다. 이는 신중함과 우유부단함을 구별하지 못하기 때문이다.

두 번째는 결단에 대한 두려움 때문이다. 내가 정말 이걸 원하는지 확신할 수 없으니 이 일을 잘 해낼 것이라는 자신감도 부족하다. 그러니 당연히 주춤거릴 수밖에. 즉 내가 원하는 게 뭔지를 정확하게 모르면 좋은 기회가 와도 망설이다가 놓쳐버리게 된다.

세 번째는 결단에 대한 실패의 기억 때문이다. 사람들이 무언가를 적극적으로 원하지 않는 건, 그게 이루어지지 않았을 때 겪어야 할 좌절감 때문이라고 한다. 즉, 아무것도 안 하면 적어도 쓴맛을 볼 가능성은 없어지니 불만족스런 현실이라도 받아들이는 것이다. 한 마디로 길고 짧은지 대보지도 않고 미리 겁부터 먹고 항복하는 것과 다름없다.

실패는 성공의 밑거름이라고 했다. 실패가 두려워 아무것도 선택하지 못한다면 그 자체가 실패한 인생이다. 나폴레온 힐은 실패에 대한 두려움에 움츠러들지 않고 원하는 것을 적극적으로 선택했다. 그리고 그 선택에 최선을 다했다.

자장면과 짬뽕 중에서 하나를 선택했다면, 그것을 즐기면 된다. 선택하지 않은 것에 대한 아쉬움과 미련 때문에 이미 손에 쥔 것에 최선을 다하지 못한다면 당신은 영원히 피해자 의식에서 벗어날 수 없다.



카네기가 어렸을 때의 이야기다. 그가 어머니 손을 붙잡고 과일가게에 갔다. 가만히 서서 뚫어져라 딸기를 쳐다보자 주인 할아버지가 한 움큼 집어 먹어도 된다고 했다. 카네기는 계속 쳐다만 보았다. 그러자 할아버지가 자기 손으로 딸기를 한 움큼 덥석 집어서 주었다. 나중에 어머니가 조용히 물었다.
"얘야. 할아버지가 집어 먹으라고 할 때 왜 안 집어 먹었니?"
"엄마, 내 손은 작고 할아버지 손은 크잖아요."

■ ■ ■ ■ **특별한 재주**

가난한 집의 세 아이들이 어려운 집안을 돕기 위해 여름철 일거리를 찾고 있었다. 마침 아버지가 성경 판매일을 시작해서 그 일을 돕기로 했다. 아버지는 세 아이 중에서 첫째와 둘째는 일을 시키기로 했다. 하지만 셋째는 말을 더듬기 때문에 별로 도움이 될 것 같지 않아서 망설여졌다. 셋째는 자기도 형들처럼 일하겠다고 우겨서 별 기대 없이 성경책을 안겨서 내보냈다.

저녁이 되어 세 아이들이 집으로 돌아왔다. 아버지가 첫째에게 "몇 권을 팔았니?"라고 물었더니 35권을 팔았다고 한다. 아버지는 내심 실망했지만 수고했다고 칭찬해주고 둘째에게 또 물었다. 둘째는 모두 75권을 팔았다고 한다. 그나마 위안이 된 아버지는 조금의 기대도 없이 셋째에게 물었다.

"너는 몇 권을 팔았니?"

"나 - 나 - 난 3 - 375권을 파 - 파 - 팔았어요."

아버지는 깜짝 놀라면서 어떻게 그렇게나 많이 팔았냐고 물었다.

"사람들한테 사 - 사 - 사지 않으면 처 - 처 - 처음부터 이 - 이 - 읽어주겠다고 해 - 해 - 했어요."

# 긍정의 빛을 발하는 유머 테크닉

1981년, 미국의 레이건 대통령이 정신병자 저격범으로부터 총격을 받았다. 그는 가슴에 총을 맞고 쓰러졌지만 다행히 목숨을 건졌다. 그런데 그는 병원에 실려 가면서도 얼굴이 새파랗게 질린 아내 낸시 여사를 위한 농담을 잊지 않았다.

"여보, 내가 총알을 피하는 걸 깜빡 잊었구려."

나중에 이 소식을 들은 국민들은 위급한 상황에서도 유머감각을 잃지 않는 그의 강심장과 여유에 박수를 보냈고, 이후 레이건의 지지율은 급격하게 상승했다. 그런데 그 다음해, 레이건 대통령의 지지율이 떨어졌다. 하지만 이때도 그는 상심하지 않았고 걱정하는 보좌관들에게 이렇게 말했다.

"걱정 말게, 그깟 지지율쯤이야 다시 한 번 총 맞으면 올라갈 것 아닌가."

이처럼 레이건의 유머는 단순한 유머가 아니라, 한 나라의 리더로서의 대범함을 드러내는 표식이었다.

## 위대한 리더들은 위대한 유머리스트들이다

이처럼 역사적으로 위대한 리더들은 대부분 자신만의 유머감각을 가지고 있었다. 미국에 레이건 대통령이 있다면 영국엔 처칠 수상이 있다고 할 정도로, 처칠 수상 역시 수많은 유머 일화를 남긴 정치인이었다.

제2차 세계대전 초기, 처칠 수상이 미국의 원조를 받기 위해 루스벨트 대통령을 만나러 갔을 때의 일이다. 그가 호텔 방에서 목욕을 한 뒤 수건만 두르고 있는데, 루스벨트가 불쑥 찾아왔다. 순간 몸을 일으키던 처칠의 허리에서 갑자기 수건이 흘러내렸다. 깔끔한 정장 차림의 루스벨트 앞에서 알몸이 되었으니 부끄러울 만도 했으나, 이때 처칠은 명불허전의 유머로 응대했다.

"보시다시피 영국 수상은 미국 대통령에게 감추는 게 전혀 없소."

이 유머 한 마디로 두 사람은 흉금을 털어놓고 솔직하게 대화를 나눌 수 있었고, 덕분에 처칠은 미국으로부터 원조를 받을 수 있었다.

처칠은 90세까지 장수했는데, 말년에 한 젊은 기자가 처칠을 인터뷰하고 나서 이렇게 말했다.

"내년에도 건강하게 다시 뵈었으면 좋겠습니다."

그러자 처칠이 여유 있게 웃으면서 대답했다.

"여보게, 내년에도 못 만날 이유가 뭐가 있는가? 내가 보건데, 자네는 아주 건강해 보이니 내년까지는 충분히 살 것 같군. 걱정 말게나!"

고난과 역경이 닥칠 때마다 유쾌한 유머로 반전의 기회를 만들었던 처칠이 사실 조울증을 앓았다는 사실은 잘 알려져 있지 않다. 사실 그는 시시때때로 기분이 최고조로 올랐다가 금세 다시 우울해지는 조울증 환자였다. 그리고 그런 조울증을 극복하기 위해서 더 웃음과 유머를 즐겼던 것이다.

그는 부하들에게 항상 이렇게 말했습니다.

"웃으시오. 그리고 부하들에게 웃음을 가르치시오. 이것저것도 아니라면 제발 물러나 있으시오."

## 21세기 리더의 조건, 유머

얼마 전 우리나라의 삼성경제연구소가 한국의 CEO를 대상으로 한 설문조사도 비슷한 결과를 보여준다. 이 설문조사에서 많은 경영자들은 '유머가 기업의 생산성 향상에 도움이 된다', '유머가 기업 조직문화 활성화에 도움이 된다', '유머경영이 고객만족에 기여한다', '유머가 없는 사람보다 풍부한 사람을 우선적으로 채용하고 싶다', '유머를 잘 구사하는 직원이 그렇지 않은 직원보다 일을 더 잘한다고 믿는다' 고 답했다.

실로 21세기형 리더의 자질 중에 인간관계능력, 소통능력, 인간됨에 이어 손꼽히는 자질이 유머다. 리더가 유머러스하다는 것은 그 조직의 의사소통이 원활하고 업무 효율도가 높다는 것을 상징적으로 보여준다. 특히 문제가 발생하거나 위기상황이 닥칠 때 리더의 유머는 상상 이상으로 강력한 힘을 발휘한다. 세상에서 가장 전염이 빠른 것이 사람의 감정이며 기분이다. 웃음은 기분 좋음을 나타나는 단적인 증거다. 그리고 리더의 웃음과 유머는 그 자체로 많은 사람들에게 즐거운 영향력을 끼친다. 우리 모두는 리더다. 그래서 나부터 웃으면서 시작해야 한다. 우하하하~~~ 낄낄낄~~~!

만일 증권가에서 기업에 대한 악성루머가 돌아 주가가 폭락할 위험에 처했다고 치자. 이때 그 회사의 CEO가 심각한 얼굴로 나서서 "우리 회사는 괜찮습니다. 아무 이상 없습니다. 믿어주십시오"라고 말하면 고객들이 안심할까? CEO까지 나서는 걸 보니 진짜 문제가 있나 보다 싶어 너도나도 매도에 나설 것이다. 이럴 때는 차라리 CEO가 만면에 여유 있는 웃음을 띠고 "혹 주식을 파실 의향이 있으신 분은 꼭 저에게 파시기 바랍니다." 라고 유머를 한 마디 해주는 게 낫다.

## - 매출 성과가 없다면

회의 시간에 사장이 저조한 실적을 두고 직원들을 나무랐다.

"여러분이 이 일을 할 수 없다고 할지라도 우리 제품을 판매할 사람들은 얼마든지 있습니다. 지금도 기회만 닿으면 뛰어들 사람이 줄을 섰어요."

이어 그 사장은 자신의 말을 확인하려는 듯 경쟁사에서 온 신입사원에게 물었다.

"판매 실적이 좋지 않을 때는 어떻게 합니까? 사원을 교체하지요?"

잠시 뒤 신입사원이 입을 열었다.

"팀 전체에 문제가 있을 경우 사장을 갈아 치우지요."

## - 가장 귀중한 사람은?

어느 회사의 면접 자리에서 사장이 지원자에게 물었다.

"우리 회사에서 가장 중요한 사람은 누구라고 생각합니까?"

"사장님입니다." 하고 첫 번째 사람이 말했다.

"고객입니다." 하고 두 번째 지원자가 말했다.

그런데 세 번째 지원자는 이렇게 말했다.

"접니다."

"왜죠?"

“제가 없는 회사가 무슨 의미가 있습니까?”
그는 즉석에서 채용되었다.


**- 일찍 출근하는 비결**

어느 직원이 회사에 늦게 나타나서 사장 이하 전 직원이 아침 조례를 하지 못했다. 허겁지겁 달려온 직원, 주위 분위기를 살피니 뭔가 심상치 않다는 생각이 들었다. 그러나 그의 말 한마디가 청중을 웃음바다로 만들었다.
“버스 뒷자리에 앉았더니 늦었습니다. 늦지 않게 출근하려면 앞으로는 꼭 앞좌석에 앉겠습니다.”


## 행복은 경제순이 아니잖아요

어떤 방식이든 각자가 자기 인생에 만족하고 행복하면 그만이다. 하지만 2010년 대한민국을 살아가는 사람들은 그다지 행복해 보이지 않는다.

한국 심리학회에서 조사한 ‘2010 한국인 행복지수’에 의하면 한국인의 행복 성적표는 50위권이다. 100점을 기준으로 평균 63.22점으로 중간치는 넘었으니 비교적 괜찮은 편으로 보일 수도 있다. 하지만 세계 10위라는 경제 규모에 비하면 한참 못 미치는 성적표다.

우리의 행복지수는 현재 남아프리카공화국(5693달러)이나 터키(1만471달러), 페루(4452달러) 등과 비슷한 수준이며, 우리보다 행복하다는 멕시코(1만234달러)나 베네수엘라(1만1388달러)의 경제수준은 오히려 우리보다 많이 낮다. 이는 결국 한국인들이 경제발전 수준에 걸맞은 행복감을 못 누리고 있다는 뜻이 될 것이다.

이에 대해 '행복 심리학'의 대가로 꼽히는 에드 디너 미 일리노이대 석좌교수는 "최근 130개국에서 모은 갤럽 자료를 분석한 결과, 높은 경제 수준에도 불구하고 한국인의 삶의 만족도는 130개국 중 중위권이고, 기쁨과 같은 긍정적 정서를 느끼는 정도는 하위권에 머물러 있다"고 밝혔다. 또한 "한국은 특히 일상에서 느끼는 정서적인 행복 수치가 떨어진다"고 밝혔다. 예를 들어 '어제 하루가 즐거웠다'는 데 동의하는 미국인은 86%이고, 아프리카의 짐바브웨에서도 68%의 사람들이 동의했지만 한국에서는 64%만이 동의했다고 한다.

그렇다면 어째서 우리는 우리보다 한참 못 사는 짐바브웨 사람들보다 행복하지 못한 걸까? 아마도 많은 이유가 있을 것이다. 국가적으로는 어려운 경제상황과 정치적 대립 등등 하루도 바람 잘 날이 없기 때문이다. 사회문화 면에서도 수없이 많은 문제점과 고쳐야 할 난제들이 수두룩하다. 여기다 개인적인 문제까지 더해지면 아무리 찾아봐도 행복할 구석이 보이지 않는다.

그렇다면 뜬금없이 행복지수를 들이댄 이유는 무엇인지 알고 싶은가? 우리가 별로 행복하지 않다는 걸 확인사살하기 위해서? 다 같이 행복하지 않으니 서로 안심하자는 뜻으로?

하고 싶은 말은 한 가지다. 위에 지수를 보면 알겠지만, 행복은 결코 경제적인 부와 비례하는 것이 아니다. 즉 주머니에 돈이 없어서 불행하다는 생각은 버려라. 행복, 즐거움, 기쁨, 웃음, 여유 같은 건 돈이 아니라 삶의 방식에 달려 있다. 웃을 일이 없기 때문에 웃지 않는다는 것과 웃기 때문에 행복해진다는 방식의 차이가 우리의 오늘과 내일을 결정하는 것이다.

### ■■■ 소중한 3초의 여유!!

-엘리베이터를 탔을 때 닫기를 누르기 전 3초만 기다리자.
정말 누군가 급하게 오고 있을지도 모른다.
-출발신호가 떨어져 앞차가 서 있어도 클랙슨을 누르지 말고 3초만 기다려 주자.
그 사람은 인생의 중요한 기로에서 갈등하고 있는지 모른다.
-내 차 앞으로 끼어드는 차가 있으면 3초만 서서 기다리자.
그 사람 아내가 정말 아플지도 모른다.
-여자친구와 헤어질 때 그의 뒷모습을 3초만 보고 있어주자.
혹시 그가 가다가 뒤돌아 봤을 때 웃어줄 수 있도록.
-뉴스에서 불행을 맞은 사람들을 보면 잠시 눈을 감고 그들을 위

해 3초만 기도하자.

언젠가는 그들이 나를 위해 기꺼이 그리할 것이다.

-정말 화가 나서 참을 수 없을 때라도 3초만 고개를 들어 하늘을 보자.

내가 화낼 일이 보잘 것 없지는 않은가 생각하자.

-차창으로 고개를 내밀다가 한 아이와 눈이 마주 쳤을 때 3초만 그 아이에게 손을 흔들어주자.

그 아이가 크면 분명 내 아이에게도 그리 할 것이다.

-죄 짓고 감옥 가는 사람을 볼 때 욕하기 전 3초만 생각하자.

내가 그 사람의 환경이었다면 어떻게 되었을까.

-아이가 잘못을 저질러 울상을 하고 있을 때 3초만 말없이 웃어주자.

잘못을 뉘우치면 내 품으로 달려올지도 모른다.

-아내가 화가 나서 소나기처럼 퍼부어도 3초만 미소 짓고 들어주자.

그녀가 저녁엔 넉넉한 웃음으로 한잔 술을 부어줄지 모른다.


## 운명을 좌우하는 3가지 비밀

새해가 되면 다들 꼭 이루고 싶은 소망이나 목표 하나쯤은 계획한다. 금연, 금주하기, 다이어트하기, 학생들은 성적 올리기 같은 목표들을 세우고 이번엔 꼭 실천하겠다고 다부지게 결심한다. 그리고 어김없이 작심삼일로 흐지부지된다. 어째서 새해의 희망찬 목표가 삼일을 못 넘기고 찬란한 망각 속으로 사라지는 걸까? 인간은 망각의 동물이어서 일까?

큰일이든 작은 일이든 어떤 일을 꼭 하겠다는 목표를 정할 때 꼭 필요한 세 가지가 있다. 이 세 가지만 있으면 어떤 일이든 다 이룰 수 있다.

첫 번째는 결단이다. '한번 해보자' 수준의 결심이 아니라 절실한 필요성으로 결단을 내려야 한다. 결심과 결단은 비슷한 말처럼 보이지만 내용 면에서 확고함의 차이가 있다. 결심(決心)은 '할 일에 대하여 어떻게 하기로 마음을 굳게 정함' 이고, 결단(決斷)은 '결정적인 판단을 하거나 단정을 내린다' 는 뜻이다, 즉, '해야겠다' 와 '한다' 의 차이다. 나는 이를 필요에 대한 절실함의 차이라고 본다.

사람들이 목표를 완수하지 못하는 가장 큰 이유는 그 필요성이 부족하기 때문이다. '목마른 사람이 우물 판다' 는 말이 있다. 사람은 절박하면 다 하게 되어 있다. 10번 넘게 금연에 실패한 사람도 오늘 당장 병원에서 금연 안 하면 죽을 수도 있다는 말을 들으면 그 길로 끊을 수 있는 게 사람 마음이다. 그러니 엄밀히 말하자면 못 하는 게 아니라 안 하는 것이다. 그래서 보통 사람은 경고등이 요란하게 울려야 절박함을 느끼고 죽기 살기로 매달리게 된다.

하지만 현명한 사람은 경고등이 켜지기 전에 필요성을 절감하고 목표를 향해 노력한다. 필요하다는 걸 알기 때문에 힘들어도 노력하는 것이다. 이것이 목표를 완수하는 사람과 매번 결심으로 그치는 사람과의 차이다. 필요성의 절박함과 결단이 없는 결심은 순간의 치기에 불과하다.

두 번째는 계획이다. 구체적이고 효율적인 계획이 없으면 어떤 목표도 이루기 힘들다. 목적지만 알고 가는 길을 모르면 헤매게 된다. 쓸데없이 헤매면서 시간 낭비, 에너지 낭비를 하다보면 지쳐서 포기하기 쉽다. 그래서 계획을 세울 때는 그것이 목표에 적합한지, 자신의 상황과 성향을 잘 고려해야 한다. 다이어트가 목표인데 금연에 대한 계획을 세워서야 뜻을 이룰 수 있겠는가.

세 번째는 실천이다. 1t의 생각보다 1g의 실천이 중요하다. 마음으로 결단을 내리고, 머리로 계획을 짰으니, 이제 몸이 행할 차례다. 아무리 확고한 결단과 완벽한 계획이 있어도 몸을 안 움직이면 말짱 도루묵이다. 오직 실천만이 그 목표를 완수하느냐 못하느냐를 결정한다. 많은 사람들의 계획이 작심삼일로 끝나는 이유도 이 실천 때문이다. 말로 하고, 머리로 생각하기는 쉽다. 다만 실패한 사람들은 생각을 못해서 실패한 게 아니다. 성공에 걸맞는 실천을 하지 않았기 때문이다.

그럼 '생각대로 이루어진다' 는 말은 뭐냐고? 이건 목표를 향해 달려갈 때 '잘 될까? 안 되면 어떡하지?' 갈팡질팡하지 말고, '잘 된다', '꼭 해낸다' 고 긍정적으로 생각하라는 뜻이다. 손가락도 꼼짝 안 하면서 생각만 하고 있으라는 의미가 아니다.


확고한 결단, 목표에 맞는 계획, 성실한 실천, 이 세 가지만 있다면 원하는 일을 다 이룰 수 있다. 지금 상황에서는 불가능해 보이는 꿈도 위의 세 가지 요건을 갖춘다면 가능하다. 아직 꿈을 못 찾았다고? 원하는 게 별로 없으니 나와는 상관없는 얘기라고?

그렇다면 훌륭한 유머리스트를 목표로 삼아보기를 권한다. 훌륭한 유머리스트가 되겠다는 목표는 당신의 능력을 한층 신장시켜 줄 뿐 아니라, 지금보다 더 즐겁고 멋진 인생을 살 수 있도록 이끌어줄 것이다. 의욕부진에 시달리는 당신에게 유머리스트가 되겠다는 목표는 당신의 마음에 활력과 의욕을 불어넣어줄 것이다.

사람은 자신감이 먼저 있어서 시도하는 게 아니다. 무언가를 성취해가면서 자신감이 붙는 것이다. 너무 무리한 목표는 실패로 이어지니 좌절감만 맛볼 수 있다. 하지만 훌륭한 유머리스트라는 목표는 누구나 성취감과 자신감을 얻을 수 있는 쉽고 좋은 목표다. 왜냐면 결단도 쉽고, 계획도 쉽고, 실천도 쉽기 때문이다. 금연보다 10배는 쉬운 목표다. 내가 장담한다!



1. 프로는 불을 피우고, 아마추어는 불을 쬔다.
2. 프로는 남의 말을 잘 들어주고, 아마추어는 자기 이야기만
   한다.
3. 프로는 행동으로 보여주고, 아마추어는 말로 보여준다.
4. 프로는 자신에게 엄하고 남에게 후하지만, 아마추어는 자신
   에게 후하고 남에게 엄하다.
5. 프로는 사람을 소중히 여기고, 아마추어는 돈을 소중히
   여긴다.
6. 프로는 독서량을 자랑하지만, 아마추어는 주량을 자랑한다.
7. 프로는 창조를 하고, 아마추어는 모방을 한다.
8. 프로는 알면서 모르는 척하고, 아마추어는 모르면서 아는 척
   한다.
9. 프로는 남에게 감사하지만, 아마추어는 남을 감시한다.

## ■■■■ 재치 넘치는 가게 이름

- sul.zip(호프)

-위풍닭닭(닭집)

-부정부폐 ( 뷔페)

-동방부폐(부페) - 이 집에는 동방불패 사진이 마구 걸려 있다 함.

-라면군, 우동군 그리고 김밥양의 삼각관계(분식집)

-백설탕(목욕탕)

-쏙닭쏙닭(닭집)

-그 레벨에 잠이 오니(PC방)

-머리해 그리고 기억해(미용실)

-fila의 짝퉁 시리즈- file, fifa

- 美의 비밀은 화장빨(화장품 집)

- 복(福)떡방(떡집)

- 마우스 프렌드(쥐약 이름)

# 제3장

# 1%의 유머감각이
# 인생을 주도하는 이유

• 유머란 오직 인간만이 가질 수 있는 신성한 능력이다. - 구스타프 칼 융

• 유머는 기분이 아니라 세계관이다. - 떼이야르 드 샤르댕

• 그대가 웃으면 세상 사람들이 그대와 함께 웃는다. - 엘라 휠러 윌콕스

• 무조건 웃어라. 웃음은 모든 것을 긍정적으로 바꾸어 놓는다. - 틱낫한

• 유머감각이 없는 사람은 누구라도 가급적 접촉을 피하고 싶은 사람이다.
　 - 말콤 쿠슈너

• 웃음은 그것이 무엇을 담고 있든 전염되고 감염된다. - 윌리엄 프라이

• 웃는 얼굴은 상대의 마음을 열게 하고 굳은 얼굴은 상대의 마음을 닫게 한다.
　 - 다니얼 맥닐

• 웃음은 의사들에게 지불해야 할 돈을 줄이는 것이기 때문에 우리의 호주머니
에 있는 돈과 같다. - 마크 트웨인

• 인류에게 한 가지 효과적인 무기가 있으니 그것은 유머다. - 마크 트웨인

• 유머는 각 사람에게 주어진 특징의 귀중성을 인정하는 것이다.- 로마인 가리

# 01

# 끌리는 사람은 1%가 다르다

2000년대 중반에 한 취업 포털사이트에서 직장인 500명을 대상으로 "직장생활에서 성공하는 데 유머가 중요한 영향을 미치는가?"라는 설문조사를 실시했다. 이 질문에 80%가 넘는 직장인들이 "유머가 직장생활에 영향을 미친다"고 대답했다. 또한 "뛰어난 유머 감각 덕분에 실력보다 더 좋은 평가를 받고 있는 직장동료가 있는가?"라는 질문에 절반 이상이 그렇다고 답했다.

직장생활뿐만이 아니다. 유머러스한 사람은 친구들이나 모임에서도 환영을 받는다. 다른 사람이 말하면 재미없을 얘기도 그 사람이 말하면 배꼽을 잡고 넘어간다. 특별히 외모가 잘났거나 돈이 많은 것도 아닌데 이상하게 그 사람이 뭘 하자고 하면 다들 잘 따라간다. 보통 유머러스한 사람을 두고 분위기 메이커라고 하는데, 그래서인지 분위기 메이커가 모임에 빠지면 그날 분위기는 앙꼬 빠진 찐빵처럼 시들해져버린다.

분위기 메이커들은 실의에 빠진 주위 사람을 격려할 때도 보통 사람과 다르다. 예를 들어 대학을 졸업하고 백수로 놀고 있는 자식 때문에 속상하다고 푸념을 늘어놓는 친구가 있다. 친구의 푸념을 들으면 분위기 메이커는 이렇게 말한다.



## 긍정의 에너지가 차이를 만든다

〈끌리는 사람은 1%가 다르다〉의 저자 이민규 심리학 박사는 끌리는 사람이 되려면 항상 '긍정의 마음가짐' 을 가져야 한다고 말한다. 긍정이란 현실을 있는 그대로 인정하고, 앞으로의 결과에 대해 나쁜 쪽보다는 좋은 쪽, 희망적인 방향으로 생각하려는 마음가짐으로 서, 시인 엘라 휠러 윌콕스는 긍정적인 마음에 대해 이렇게 말했다

"인생이 노래처럼 잘 흘러갈 때는 명랑한 사람이 되기 쉽다. 그러나 진짜 가치 있는 사람은 모든 것이 잘 안 흘러갈 때 웃는 사람이다."

실로 똑같이 힘든 상황에서도 긍정적인 사람은 다른 사람들과 다른 태도를 보인다. 예를 들어, 시험 결과 발표를 앞둔 사람들의 태도를 살펴보면 금방 알 수 있다. 보통은 결과에 대한 불안함 때문에 초조하고 긴장해 있기 마련이다. 그러나 긍정적인 사람은 별로 동요하지 않는다. 걱정한다고 달라질 게 없기 때문에 굳이 거기에 생각을 집중하지 않는다. 그리고 바로 그런 마음의 여유가 다른 사람들을 끌어당긴다.

대한민국 최고의 재담꾼인 김제동의 유머도 바로 이 긍정의 마인드에서 출발한다. 예를 들어 이런 식이다. "저는 극장에 가면 꼭 반(半)표를 달라고 합니다. 눈이 작아서 반밖에 보이기 않기 때문이죠."

이렇듯 자신의 단점을 여유 있게 희화할 줄 아는 그의 유머는 그래서 더 인간적이고 따뜻하다. 긍정적인 마인드가 유머를 만나면 그 힘이 두 배가 되는 것이다.

그러나 이런 긍정의 마음은 태어날 때부터 얻어지는 게 아니다. 불안하고 부정적인 방향으로 흐르기 쉬운 마음을 끊임없이 다스리고 다독여야 한다. 이 때문에 이민규 박사는 긍정의 에너지를 가진

‘끌리는 사람’ 이 되는 길이야말로 부단한 노력의 과정이라고 말한다. 게다가 지금처럼 경쟁이 치열한 사회에서는 편하게 끌리는 게 큰 성공의 조건이라고 말한다. 또한 ‘끌리는 사람이 되기 위한 조건’ 들로 긍정적인 마음가짐과 함께 좋은 인상, 친밀함, 자기애, 적절한 거리, 진심 어린 사과, 상대의 콤플렉스를 건드리지 말 것을 들었다.

## 1%의 유머가 끌리는 사람을 완성시킨다

그렇다면 긍정적인 사람은 다 분위기 메이커인가? 꼭 그렇다고 할 수는 없다. 긍정과 자비의 현신인 부처님을 분위기 메이커라고 할 수는 없는 것과 마찬가지다. 그렇다면 긍정적인 사람을 분위기 메이커로 완성시키는 1%는 대체 무엇일까?

그게 바로 유머다. 유머는 긍정의 에너지를 다른 사람들에게 전달하는 통로와 같다. 우리는 깊은 산 속에서 도 닦으며 살아가지 않는 이상 다른 사람과 의사소통이라는 걸 하고 살아간다. 의사소통이란 별 게 아니다. 다른 사람들과 대화하면서 머릿속에 있는 생각들을 주고 받는 것이다. 이때 무뚝뚝한 표정으로 화난 듯 말하는 것과 웃는 얼굴로 기분 좋게 말하는 것 중에 어느 쪽이 낫겠는가. 당연히 후자다. 남편들이 아내의 바가지를 두려워하는 이유도 화 난 아내들은 대개 전자의 태도로 말하기 때문이다.

예를 들어 당신이 사장인데, 중요한 회의 시간에 핸드폰 벨소리가 느닷없이 울렸다. 그럴 때 화를 내지 말고, "제가 여기할 때 핸드폰 벨이 울리면 벨소리에 맞춰서 춤을 추셔야 합니다"라고 얘기해 보자. 사람들도 당신의 너그러운 마음과 재치 있는 유머에 높은 점수를 줄 것이다. 이렇게 똑같은 말도 유머러스하게 하면 효과가 더 좋다. 일단 모든 대화에서 상대가 웃으면 게임 끝이기 때문이다.

또한 유머는 마음의 여유를 보여주는 지표이기도 하다. 어떤 위기가 닥쳐도 유머를 건넬 수 있다는 것은 웬만해서는 흔들리지 않을 만큼 그릇이 큰 사람이라는 걸 보여준다. 그 때문에 대중을 사로잡아야 하는 정치인들은 유머로서 자신의 여유를 과시한다.

대표적인 예로 상원의원 선거에 나섰을 때 링컨이 한 유머를 코자. 당시 링컨은 상원의원 자리를 두고 더글라스와 경쟁을 벌이고 있었다. 선거 연설 중에 더글라스가 링컨의 외모를 두고 이렇게 비난 발언을 했다.

더글라스 : 여러분, 링컨은 말만 그럴 듯하게 할 줄 아는 두 얼굴을 가진 이중인격자입니다!

그러자 링컨이 답했다.

링컨 : 좋습니다. 그렇지만 여러분, 제가 진짜 두 얼굴의 사나이라면 왜 오늘같이 중요한 날, 하필이면 이런 못생긴 얼굴을 가지고 나왔겠습니까?

링컨의 말에 대중들 사이에서 웃음이 터져 나왔다. 이 웃음으로 이 날의 연설 결과는 뻔해졌다. 만약 링컨이 더글라스의 말에 얼굴을 붉히며 "더글라스는 더러운 유리입니다!" 식으로 똑같이 비난했다면 똑같은 못난 놈밖에 안 되었을 것이다. 그러나 링컨은 단 한 마디의 유머로 더글라스의 말을 상대할 가치가 없는 것으로 만들었다. 이렇게 대범하고 재치 넘치는 유머러스한 태도야말로 훗날 링컨이 미국 대통령의 자리에 오르는 밑바탕이 되었다.

**술잔을 들며**

백거이(당나라 시인)

蝸牛角上爭何事(와우각상쟁하사)

石火光中寄此身(석화광중기차신)

隋富隋貧且歡樂(수부수빈차환락)

不開口笑是痴人(불개구소시치인)


달팽이 뿔 위에서 무엇을 다투는가

부싯돌 불꽃처럼 짧은 순간 사는데

풍족한 대로 부족한대로 즐겁게 살자

하하 웃지 않으면 그대는 바보


**한 쪽 말만 하는 건 대화가 아니라 강요다**

의사소통에도 질이 있다. 말이라고 다 같은 말이 아니듯 말만 주고받는다고 다 대화가 아니다. 몇 시간 동안 많은 대화를 했는데 상대는 여전히 이해를 못하거나 결론이 안 난다면 분명 의사소통의 질에 문제가 있는 것이다. 즉, 대화는 나눴지만 소통은 이루어지지 않았다는 뜻이다.

의사소통에는 부정적인 의사소통과 긍정적 의사소통이 있다. 부정적 의사소통은 대화가 무의미하거나 대화할수록 오해만 더 쌓이는 경우다.

보통 이런 경우는 한쪽이 권위를 가지고 훈계를 하거나 잔소리를 늘어놓을 때, 또는 한쪽이 변명만 늘어놓거나 무성의한 태도를 보일 때, 한쪽이 남 탓만 하거나 오해가 쌓여 있을 때 일어난다. 반대로 긍정적 의사소통은 대화를 나누면 더 기분이 좋아지고 더 이야기하고 싶어지는 대화를 말한다. 이런 긍정적인 의사소통은 서로를 이해하고, 눈앞에 닥친 문제를 잘 해결할 수 있도록 도와준다.

예를 들어, 부부 간에 문제가 생겼을 때 화난 얼굴로 따지듯이 달하는 것과 웃는 얼굴로 유머러스하게 말하는 것 중에서 어느 쪽이 더 효과적일까? 언뜻 생각하기엔 강한 태도가 더 효과가 있을 거라고 볼 수 있지만, 이런 대화는 일방적으로 끝나게 마련이다. 아이가 잘못했을 때 다시는 그런 짓 못하도록 부모가 따끔하게 혼내는 것과 별반 다르지 않다. 그럴 때 아이는 당장은 잘못했다고 용서를 빌어도 나중에 여전히 똑같은 잘못을 저지른다. 이건 대화가 아니라 강요이기 때문이다. 다음은 부정적 의사소통을 잘 보여주는 유머다.

### ■■■ 묻지 않는 이유

평소 사소한 일에도 툭하면 울음을 터뜨리는 마누라가 있었다. 그날도 사소한 일 때문에 울면서 이렇게 말했다.
"당신은 이제 더 이상 나를 사랑하지 않는 거죠, 엉엉!"
남편이 아내를 달래며 말했다.
"아니야, 왜 그런 소리를 해? 난 변함없이 당신을 사랑한다구."
"거짓말 말아요. 요새는 내가 울면 왜 우는지 물어보지도 않잖아요!"
"그건 그렇지. 하지만 왜 우느냐고 물어보고 나면 상당히 많은 돈이 들어간다는 것을 깨닫게 되었거든."

### ■■■ 추리의 근거

누나와 엄마는 설거지를 하고 아빠와 아들은 TV를 보는데 갑자기 '쨍그랑' 소리가 났다. 정적 속에서 아빠가 아들에게 말했다.
"누가 접시 깼는지 보고 와라."
"그것도 몰라? 엄마잖아!"
"그걸 니가 어떻게 아니?"
"엄마가 아무 말도 안하잖아!"

# 감옥이 더 좋다?

세계에서 가장 긴 근무시간으로 유명한 대한민국 직장인들 사이에서 감옥과 직장을 재밌게 비교한 '감옥 유머' 라는 게 유행한 적이 있었다.

· 감옥에서는 하루를 4평짜리 방에서 보낸다. 회사에서는 하루를 1평도 되지 않는 책상에서 보낸다.

· 감옥은 하루 세 번 공짜로 밥 준다. 회사는 하루 한 번 점심만 먹는다. 밥값은 알아서 낸다.

· 감옥에서 착실하면 가석방해준다. 회사에서 착실하면 을 감만 많아진다

· 감옥에서는 TV도 본다. 회사에서는 TV 보면 잘린다.

- 감옥에서는 가족과 친구들이 면회도 자주 온다. 회사에서는 가족이나 친구와  전화만 해도 눈치 보인다.
- 감옥에서는 국가가 모든 비용을 댄다. 회사에서는 쥐꼬리 월급도 세금 떼어간다.
- 감옥 안 사람들은 대부분의 시간을 바깥세상을 그리워하며 철창 안에서 보낸다.
- 회사에 있는 사람들은 인생 대부분을 바깥세상을 그리워하며 술집에서 보낸다.

처음 읽으면 피식피식 웃음이 나오지만, 읽다보면 씁쓸해진다. 결국 대한민국 직장인들은 감옥보다 못한 곳에서 하루 종일 일하고 있는 셈이니 기분 좋을 리가 없다.

그런데 이게 유머로만 끝날 일이 아니다. 2004년에 취업 전문업체 스카우트가 직장인 2천 명을 대상으로 회사에 대한 만족도를 조사한 적이 있었다. 그런데 직장인 중에서 절반이 '그럭저럭' 이라고 했고, 33.5%가 '매일 매일이 고통의 연속' 이라고 말했다. 저 33.5%에겐 직장이 정말로 감옥이었다는 뜻이다.

이런 상황에서 어느 누가 제대로 된 업무와 서비스를 제공할 수 있겠는가. 초인이 아닌 이상 이런 스트레스를 받으면서 자신의 능력을 발휘하기란 거의 불가능하다. 그렇다고 회사가 그런 마음을 이해

해주고 그냥 내버려두겠는가. 위에선 실적을 올리라고 쪼아대니 더 죽을 맛일 것이다. 이런 감정의 악순환은 개인에게도 안 좋지만 회사에게도 매우 위험한 일이다. 그렇다면 이런 악순환에서 벗어나서 직장인도 회사도 함께 살 수 있는 방법은 없을까?

### ■■■ 죄수의 이유

교도소에 있는 두 남자가 이야기를 나누고 있다. 한 남자가 말했다.

"나는 누가 충고를 해줘도 귀를 기울이지 않아서 지금 요 모양 요 꼴이 됐지."

그러자 옆에 앉은 다른 죄수가 말했다.

"나는 남의 말만 듣다가 이런 꼴이 되었다네."


## 즐기는 사람은 못 당한다

직장인이 불행한 이유는 하루 종일 시간을 보내야 하는 일터를 감옥처럼 여기기 때문이다. 그런데 일터를 행복한 곳으로 만들 책임은 기업에게만 있는 걸까? 거기에는 개인들 각자의 노력도 필요하다 "누가 좋아서 일해. 먹고살기 위해서 어쩔 수 없이 하는 거지" 하는 마음가짐이라면 천국도 지옥으로 만들어버리지 않는가.

영국의 유명한 방송인인 테리 웨건에게 큰 성공을 거둔 비결을 묻자, 그는 이렇게 답했다. "저는 평생 일을 해본 적이 없습니다. 그저 너무나도 즐겁고 재미있는 방송을 40년 가까이 해왔을 뿐입니다."

테리 웨건도 처음부터 승승장구한 것은 아니었다. 실수도 많이 했을 것이고, 과로도 했을 것이며, 위에서 압박도 많이 받았을 것이다. 다만 그는 실적을 내기 위해 일한 것이 아니라 그 일이 좋아서 하다 보니 성공이란 자리에 이른 것이다.

누구에게나 먹고사는 일은 힘들고 고단하다. 하지만 그 일에 재미를 느끼려고 노력하면 모든 게 달라진다. 지금 하는 일이 적성에 안 맞을 수 있다. 하지만 현실적으로 직업을 바꾸는 일은 결코 쉽지 않다. 그럼 남은 길은 하나다. 그 일에 대한 내 생각을 바꾸는 것이다. '피할 수 없다면 즐겨라!' 는 말도 바로 이럴 때 쓰는 것이다.

아무리 힘든 일도 그 안에서 보람과 자부심을 찾아가다보면 일에 대한 만족도가 놀랄 정도로 커지게 된다. 대표적인 예가 캘리포니아 항공사의 청소부서 직원들이다. 놀랍게도 이 항공사에서 회사와 일에 대한 만족도가 가장 높은 부서는 바로 비행기 엔진을 청소하는 부서다. 당연히 고되고 쉽지 않은 일이다. 그런데 이 부서 사람들은 청소와 수리 일을 할 때 모두 파란색 수술복을 입는다. 이 점을 궁금하게 여긴 사람들이 왜 수술복을 입고 일하냐고 묻자, 그들은 이렇게 대답했다.

"비행기의 심장은 엔진입니다. 사람의 심장을 고치듯이 우린 비행기의 심장을 고치는 의사입니다."

　이들은 자신의 일에 대한 확고한 가치와 자부심을 가지고 있었고, 그 자부심이 말단 부서에서 일하는 이들을 즐겁고 당당한 사람으로 만들고 있었다.

### ■■■ 직장상사의 속마음을 시원하게 알려주마!

직장인이라면 누구나 공감하는 게 상사의 말에는 '뿌리'가 있다는 것이다. 빙산의 일각 같은 엄청난 뿌리가.

직장어 : 이것만 하고 집에 가게나. (해석 : 오늘은 야근이다)

직장어 : 오늘은 일찍 끝났군.

　　　　(나는 오늘 운 좋게도 정시에 퇴근했다)

직장어 : 아, 그 서류라면 처리중입니다만….

　　　　(지금 쌓여있던 종이 틈에서 그 서류를 발견했습니다)

직장어 : 사장님이 당장 오라고 하시는데 (넌 X됐어)

직장어 : 이 기획안 좀 부족한데. 다시 써와.

　　　　(잘 안 써오면 넌 해고야)

직장어 : (팀장) 출출한데 뭐 시켜먹을까? 난 자장면~!

　　　　!(자장면으로 통일하지 않으면 넌 XXX!)

직장어 : (팀장) 그러고 보니 며칠 후면 우리 *** 생신이로군.

　　　　(비싼 선물 안 사오면 넌 XXX!)

직장어 : 우리 회사는 가족 같은 분위기야.

　　　　(월급은 제때 안주고 막 부려먹는다는 뜻)

직장어: (고객) 어이쿠, 식사하셔야 되는데 저 때문에….

　　　　(내 용무 다 끝날 때까지 넌 밥 못 먹는다.)

직장어 : 오늘도 수고했어. 다들 내일 보자고.

　　　　(내일도 전부 야근이야. 알았지?)

## 오늘을 내 인생 최고의 하루로 만드는 방법은 있다

아침을 어떻게 시작하느냐에 따라 그날 하루의 기분도 달라진다. 바쁜 현대인들은 아침에 웃으며 눈 뜨는 일이 드물다. 몸도 마음도 피곤하기 때문이다. 그러나 행복해서 웃는 것이 아니라, 웃기 때문에 행복해진다는 말이 있다. 지금부터, 눈을 떴을 때 하루 전체를 밝은 분위기로 이끌 수 있는 다양한 방법들을 알아보자.

### ● 눈을 뜨자마자 얼굴 근육을 풀고 웃자

: 우리 몸의 근육은 수면을 취하는 동안에는 딱딱하게 굳어 있다. 따라서 아침에 일어나서 몸의 근육을 풀어주는 것이 좋다. 양손바닥으로 온몸을 가볍게 두드려주고 팔다리 스트레칭을 해준 뒤, 입을 천천히 크게 벌려 얼굴 근육을 푼다. 그리고 최대한 밝고 큰소리로 "하하하" 소리를 내어 1분간 웃는다.

● **잠시 눈을 감고 기분 좋은 기억을 떠올리자**

: 기분이 우울하거나 피곤할 때 눈을 감고 즐거웠던 기억들을 떠올려보자. 그 자체로 훌륭한 이미지 트레이닝이 된다. 물론 직장인에게 아침 시간은 분초를 다투는 바쁜 때지만, 양치질을 하거나 화장실에서 볼일을 볼 때 잠시 눈을 감고 행복했던 때의 기억을 떠올려보면, 그 순간의 형복했던 느낌이 되살아나면서 자신도 모르게 입가에 미소가 떠오를 것이다.


● **바로 오늘이 내 인생에서 최고의 하루라고 생각하자**

: 불교에서는 '지금 여기!' 를 중요하게 여긴다. 과거는 지나갔고, 미래는 아직 오지 않았다. 내가 살아있고 무언가를 할 수 있는 시간은 지금, 오늘이다. 오늘도 다른 날과 비슷한 평범한 하루라고 생각하지 말자. 오늘이야말로 내 인생 최고의 하루가 될 거라는 믿음으로 어떤 좋은 일이 생길까 기대를 가져보자. 이런 믿음과 기대가 나 안에 긍정의 힘을 키우는 싹이 된다.


● **오늘은 몇 사람을 웃게 해줄지를 결정하자**

: 유머를 즐기는 사람들은 타인을 웃게 만들면서 행복을 느낀다. 유머 습관이야말로 나도 즐겁고 너도 즐거운 '윈윈(Win Win)' 이다. 아침 출근길에 재미있는 유머 하나를 생각해서 이 유머로 몇 명

을 웃길지 목표를 세운 뒤, 머릿속으로 예행연습을 해보자. 그
러는 동안 자신도 모르게 미소를 지으며 행복함을 느끼게 될 것
이다.

### ■■■ 행복한 가정을 만드는 기적의 11가지 말들

1. 당신 너무 힘들지? 수고했어 - 배려

2. 난 당신밖에 없어. - 의지

3. 난 당신을 믿어, 힘내. - 존경

4. 당신이 자랑스러워. - 격려

5. 당신 뜻대로 해봐요. - 신뢰

6. 괜찮아, 그럴 수도 있지. - 용납

7. 온종일 애들하고 힘들었지? - 이해

8. 당신 음식 솜씨는 장모님 닮아서 최고야! - 칭찬

9. 사랑해. 당신과 함께 해서 행복해! - 사랑

10. 내 잘못이야. 미안해. 용서해줘! - 용서

11. 당신 예뻐, 사랑해. 멋있어요! - 표현
아무 말 없이 다정하게 손만 잡아주어도,
얼굴을 마주보며 환하게 웃어만 주어도,
100마디 말을 하는 것보다 행복합니다.

『아침키스가 연봉을 높인다』 중에서 /두상달 · 김영숙 지음
이런 기적의 말은 남에 말이 아닌 당신의 말이다. 하루에 1가지씩 기적의 말을 실천해
보자. 기적이 당신과 함께할 것이다!!

# 막힌 곳을 뚫어주는 유머~펑!

직장이란 일과 수익을 목적으로 모인 조직이다. 이런 조직 내의 의사소통은 단순한 대화를 넘어 업무와 개개인, 그리고 회사의 이익과 연결되므로, 아무리 다혈질인 사람도 직장 내에서는 본색을 잘 드러내지 않으려고 한다. 하지만 직장생활이란 것도 알고 보면 결국 인간관계다. 개개인 간의 소통이 막히면 불화와 불신이 생길 수밖에 없고, 이 때문에 많은 직장인들이 직장 내 인간관계 때문에 크든 작든 고민을 안고 살아간다.

특히 직속상사의 성격이 까칠하거나 사이가 안 좋으면 그것만큼 고민도 없다. 이건 피하려야 피할 수 없는 불벼락을 머리에 이고 사는 일일 테니까. 어떤 이유에서건 사이가 안 좋다는 건 소통이 막혔다는 뜻일 테니, 일단 그것부터 시원하게 뚫어주는 게 급선무다.

유머와 웃음은 무엇인가? 기본적으로 호감의 신호이자 '당신과 친해지고 싶습니다' 는 신체적 표현이다. 따라서 상대의 성향과 기분을 잘 살펴서 적절한 유머를 찾아봐야 한다. 낚시를 좋아한다면 낚시와 관련된 유머들을 많이 찾아보고, 골프를 좋아하는 상사라면 이런 유머를 써먹어보자.

부하 : 과장님, 골프와 소변 보기의 공통점 아세요?

과장 : 아니. 몰라.

부하 : 등은 꼿꼿이 펴고, 무릎을 구부리고, 발은 어깨 너비로 벌려라.

살며시 쥐어라.

머리는 약간 숙여라.

오래 걸릴 것 같으면 다른 사람에게 순서를 양보하라.

물론 상대가 시답잖은 소리 말고 일이나 잘하라며 면박을 줄 수도 있다. 하지만 매일같이 그가 좋아할 만한 유머를 해주다 보면 어느 순간 반응이 오게 되어 있다. 그때 소주 한잔 걸치면서 허심탄회한 얘기를 나누면 막힌 속도 시원하게 뚫린다. 장담할 수 있냐고?

그가 사이코패스가 아니라면 100% 보장이다!

1. 연속적으로 보기만 하면? : 변태

2. 연속적으로 더블 보기만 하면? : 스와핑

3. 일주일에 골프 4회 나가면? : 주사파

4. 연속 파를 4개 하면? : 아우디

5. 연속 파를 5개 하면? : 올림픽

6. 통계학적으로 불교신자가 기독교인보다 골프를 못하는
   이유는? : 공이 절로 가서


■■■■ **골프모임**

백팔번뇌 : 구력 3년에 아직 108개 못 깬 모임

와신상담 : 제자한테 깨진 사부들의 골프 모임

절차탁마 : 싱글한테 깨진 프로골퍼 모임

고진감래 : 프로지망생 골프 모임

자포자기 : 구력 10년에 아직도 백파 못한 골퍼 모임

전전긍긍 : 레슨프로 우습게 알면서도 정작 실력 없는 골퍼 모임


## 화 잘 내는 상사 다루는 법

화 잘 내는 다혈질은 가장 대하기 곤혹스러운 사람이다. 이런 사람을 대할 때 맞불 작전은 별로다. 험한 소리만 오가다가 회복할 수

없을 정도로 관계가 틀어지기 십상이다. 이럴 때는 웃음의 힘을 적극 발휘하는 수밖에 없다. 다혈질은 화를 잘 내지만, 잘 달래면 그 화를 금방 푸는 단순한 면도 가지고 있다.

### ● 비판하지 말고 코칭하라

* 제 생각에 이 문제는 다시 한 번 살펴보고 판단해도 늦지 않을 것 같습니다. 마음을 가라앉히시고 나서 보면 다른 부분도 보일 것 같습니다.

* 그런데 어쩌다가 상황이 이렇게까지 된 거지? 설명 좀 해주겠어?

### ● 상대의 마음을 이해한다고 말하라

* 그래, 무슨 말인지는 알겠어. 그런데 잠시 생각해보고 다시 이야기하는 게 좋을 것 같아. 너도 그렇게 생각하지 않아?"

* 분명히 화가 날 만한 일 같아. 다만 내가 구체적으로 뭘 잘못했는지 차분히 이야기해줬으면 해."

### ● 감정을 배제하고 내 의견을 전달하라

* 저희가 기대에 못 미치는 결과를 내서 화내시는 건 알겠습니다. 오늘 말씀 잘 새겨듣겠습니다. 그런데 사장님께서 화를 내시니 준비해온 말들도 다 까먹어 버렸어요. 차분하게 대안을 준비할 시간을

주셨으면 합니다."


### ■■■ 직장상사의 속마음을 시원하게 알려주마!

직장어 : (사장) 지금 회사가 위기일세.(연봉 깎겠네)

직장어 : 우리 회사는 문제없습니다.(증권과 자산은 전부 마누라 앞으로 돌려 놨고, 다음 주 필리핀으로 가는 비행기를 탈 때쯤 1차 부도가 날 겁니다)

직장어 : (출근 중) 지금 회사 정문 앞입니다.(사무실까지 가려면 아직 30분이나 더 가야 됩니다)

직장어 : 지금 외근 중입니다.(지금 사우나 안 입니다)

직장어 : 지금 회의 중이야, 이따가 전화해.(네 전화는 안 반가우니까 전화하지 마. XX야)

직장어 : 이거 기획안 좀 부족한 것 같지 않나.(기획안 잘 안써 오면 넌 해고야)

직장어 : 부장님(상무님)께서 회사를 관두시면 저도 관두겠습니다. (당신이 나가야 내가 승진하지)

직장어 : 내일(휴일인데) 뭐해? (할 일 없는 것 아니까 넌 나랑 등산. 약속 있어도 닥치고 등산)

직장어: (인사팀 공고) 임직원 복리 증진 차원에서 올해는 휴가를 100% 소진~!(연월차 돈으로 못 줘. 휴가로 다 써)

직장어 : 참신한 의견인데.(감히 내 말에 토를 달아?)

직장어 : 요즘 바쁘고 그생 많지? (사실 네가 뭐하는지 잘 몰라.

## 존경받는 상사가 되는 가장 쉬운 방법

그렇다면 부하들을 잘 다스리는 뾰족한 방법은 없을까? 세계 최고의 헤드헌팅 그룹인 로버트해프 인터내셔널에서 자신의 회사에 근무하는 직장인들을 대상으로 "어떤 상사를 가장 잘 따르는가?"라는 질문을 던진 적이 있었다. 그런데 놀랍게도 응답자의 97%가 '탁월한 전문성을 갖추었지만 인간미가 없는 상사보다는 직원들에게 웃음을 주는 상사를 더 잘 따르겠다' 고 대답했다.

심지어 CEO에게도 유머 리더십을 요구하는 시대인 만큼 당연한 결과일 것이다. 강압과 권위로 부하들을 다루던 때는 지났다. 이제 좋은 인상과 긍정적 마인드, 유머의 삼박자를 갖춰야 부하들을 잘 다스리는 상사가 될 수 있다.

예를 들어, 부하의 잘못으로 윗사람으로부터 질책을 받았다고 하자. 이럴 경우 십중팔구는 윗사람한테 받은 스트레스를 곱하기 둘 해서 부하에게 내리퍼붓는다. 물론 억울하고 화날 것이다. 중간 관리자가 동네 똥개도 아니고 이리 치이고 저리 치이는 건 안다. 하지만 그런다고 부하의 문제가 해결되는 건 아니다.

이럴 때는 크게 심호흡을 해서 자기 화부터 가라앉혀야 한다. 얼굴 근육을 풀고 만면에 웃음을 띠고 가벼운 농담으로 서로 간의 긴장을 푼 뒤에 대화를 시작해야 한다. 부하도 얼마나 면목 없고 미안하겠는가. 그러나 상사도 인간이다. 뭐라 속 시원하게 한 마디 해야 분이 풀릴 것 같다면, 그럴 때 써먹을 수 있는 좋은 유머가 있다. 다음의 유머를 보자.

### - 분노의 내림차순

**■ 팀장**

아침에 출근을 해요. 팀원들이 아직 아무도 안 와 있어요. 당연해요. 지금은 아침 여섯 시니까요.

신났어요. 오늘도 혼낼 건수 하나 아침부터 건졌어요.

대리 자리에 화분이 말라죽어가고 있어요. 또 신이 났어요. 혼낼 건수 하나 더 건졌어요.

신이 난 상태로 팀원들이 오기를 손꼽아 기다려요. 빨리 왔으면 좋겠어요.

어제 마누라한테 당한 스트레스를 빨리 풀고 싶어요.

**■ 과장**

오늘도 팀장과 사원 사이에 어떤 이간질을 할까, 출근버스에서부터 골똘히 생각해요.

그러다 잠이 들어요. 아, 젠장 하마터면 못 내릴 뻔했어요.

팀장 이 먼저 와있어요. 이런 우라질레이션!

저 새키는 회사에서 사나. 지금 일곱 신데도 와 있어요. 도대체 몇 시에 오는지 모르겠어요.

아니나 다를까 아침부터 또 시작이에요.

'나 때는 팀장보다 늦게 온다는 건 상상도 못했어.'

아 쉬바! 그럼 나한테 도대체 몇 시에 나오란 소린지 모르겠어요. 열 받아요. 대리들이 빨리 왔음 좋겠어요.


## ■ 대리1

오늘은 평소보다 좀 늦게 일어났어요. 그래도 서두르지 않아요. 일찍 가도 깨지고 늦게 가도 깨질 거 이왕이면 맘 편히 천천히 가요. 회사 앞이에요. 오늘은 깨질 때 무슨 상상을 할까 생각해요. 회사에 들어왔어요. 아니나 다를까. 과장이 회의실로 오래요. 회의실에서 미친 듯이 깨지기 시작해요. 그때부터 머릿속에선 유럽여행을 시작해요.

여기는 에펠탑 앞이에요 에펠탑이 너무 멋있어요.

피사의 사탑도 가보고, 제일 유명한 빵집도 가보고.

이쯤 됐음 끝났겠지? 다시 대리는 현실로 돌아와여.

'이 대리, 똑바로 잘하란 말이야 알겠어?'

아주 알맞은 타이밍에 현실로 돌아왔어요. 딱 마지막 멘트 중이예요.

평소같이 '네, 죄송합니다. 앞으로 이럴 일 없도록 하겠습니다.' 1년에 300번 말하는 멘트라 이젠 자동이에요.

### ■ 대리2

'오늘은 기필코 회사를 옮기리라.' 좌우명을 마음에 되새기고 집을 나서요. 회사에요. 어김없이 동료가 회의실에서 깨지고 있어요. 다행이에요. 오늘은 내 순서가 아니라서.

즐겨 찾기에 추가해둔 인크루트 사이트에 들어가요. 창을 가장 작게 만들고 화면 젤 구석에 둬요. 그리고 미친 듯이 공채 게시물을 뒤지기 시작해요. 그때 갑자기 핸드폰이 울려요. 며칠 전 면접을 본 회사에서 전화가 왔어요. 다음 달부터 나왔으면 한 대요. 할렐루야. 할렐루야. 할렐루야. 할레루야~~~!

일단 한 일주일 정도는 비밀로 하고 연차를 야금야금 쓰며 휴가를 즐기기로 해요. 팀장이 왜 이렇게 연차를 자주 쓰냐고 그러기에 그냥 막 개겼어요.

"연차는 개인권한인 걸로 알고 있는데요?"

팀장이 당황하는 모습에 몸속에 있던 모든 병들이 다 싹 낫는 기분이에요.

### ■ 3년차 사원

아침 일찍 온다고 오는데도 항상 팀장과 과장은 먼저 와 있어요. 눈치가 보이지만 자리에 앉아요.

대리님은 어김없이 회의실로 끌려들어가요. 과장님은 엄청 역정을 내고 계신 데 비해 회의실 안 대리님의 표정이 너무 평화로워 보여요.

나도 언제쯤이면 저 정도의 내공이 쌓여서 깨질 때도 저렇게 평화로운 표정을 지을 수 있을까 생각해요.

내년 상반기 대리 진급 대상자를 위한 교육에 관한 메일이 와 있어요. 이제 회의실에 끌려들어갈 날이 얼마 남지 않았어요. 4개월. 그렇게 사원은 시한부 인생을 살아가요.

### ■ 신입사원

처음 쓰는 보고서에 마침표 안 찍었다고 3시간 동안 혼났어요. 참 더러운 인생이에요.


## "2호선을 타자!"

왜 2호선을 타자는 거야? 이런 궁금증을 불러일으키는 이 글은 어느 고등학교의 급훈이다. 2호선 노선에는 서울대를 비롯해서 연세대와 홍익대, 건국대, 경기대, 서울교대 등 많은 대학들이 있다. 즉, 2호선을 타자는 것은 서울 내의 명문대학교에 가자는 의미다. 이 외에도 고등학교 급훈들을 보면 기발함과 재치가 넘치는 것들을 많이 찾아볼 수 있다.

"엄마가 지켜본다.", "아침 먹고 오세요.", "포기는 배추 셀 때나 쓰는 말이다."

이런 급훈들은 아이들이 보고 한 번이라도 웃을 수 있으니 '근면 성실' 같은 딱딱한 급훈보다 백배는 긍정적인 효과를 낸다. 같은 내용이라도 만일 급훈이 "명문대에 가자!"라면 어떻겠는가. 급훈을 그렇게 쓴다고 반 아이들이 다 명문대에 갈 수는 없다. 그걸 바라보는 마음만 무겁게 만들 뿐이다.

이 책을 읽는 독자들 중에 고3 수험생 자녀를 둔 부모가 있다면 곡 당부하고 싶은 게 있다. 아이들 볼 때 되도록 '공부해라', '어디 대학 가라' 이런 말들은 하지 말길 바란다. 부모 입장에서야 격려와 다짐 차원에서 한 말이지만 그 말은 아이들 마음에 무거운 돌덩이를 하나 더 얹는 것밖에 안 된다. 교육청에서 발표한 '수험생에게 독이 되는 5가지 말' 과 '약이 되는 4가지 말' 을 보자.

**- 수험생에게 독이 되는 5가지 말**

1. 재수할 생각, 꿈도 꾸지 마.

2. 널 믿는다. 엄마는 너만 믿어.

3. 밖에서 기다리고 있을게.

4. 절대 긴장하면 안 돼.

5. 마지막까지 최선을 다 하렴!

## - 수험생에게 약이 되는 4가지 말

1. 그동안 고생 많았어.

2. 시험 무사히 치르기 바란다.

3. 좋은 결과를 기대 하지만, 어떤 결과가 나와도 방법은 있어.

4. 옷은 따뜻하게 입었니?

아이에게 격려의 말을 해주고 싶다면 부디 '약이 되는 4가지 말' 만 해주기 바란다. 그와 함께 아이의 긴장감을 덜어준 유쾌한 유머도 하나 선물해주면 공부하러 가는 아이의 발걸음이 가벼울 것이다.

## - 공부를 못할 수밖에 없는 필연적 이유

우리가 공부를 못하는 중대한 이유는 따로 있다.

1) 1년은 365일이다. 그중에 일요일이 52일이다. 일요일은 노는 날이다.

-〉 313일 남았다.

2) 여름방학 (대학이랑 초, 중, 고를 평균으로 놨을 때) 60일

-〉253일 남았다.

3) 하루에 8시간의 수면, 122일, 잠은 집중력을 키워주니 꼭 자야 한다.

-〉131일 남았다.

4) 하루에 한 시간 동안 운동 및 다른 행사 15일 (화장실, 뉴스 보기 등).

-〉116일 남았다.

5) 2시간 동안 식사 및 군것질 시간 30일

-> 이제 86일 남았다.

6) 평균 시험기간 30일. 원래 공부는 이때 하는 게 아니다.

-> 56일 남았다.

7) 겨울방학(초, 중, 고, 미국 대학을 평균으로 할 때) 20일

-> 31일 남았다

8) 다른 빨간 날 (설, 광복절, 추석 등) 20일

-> 11일 남았다

9) 아파서 미치는 날. 8일.

-> 3일 남았다.

10) 성적표 나오는 거 기다리는 기간 3일. 공부 못 한다. 엄마 아빠가 알면 죽는다. 성적표 낚아채야 한다.

-> 0일.


▶그렇다. 남은 날이 0일이다. 만약 1년에 하루도 안 아픈 천하장사 만만세를 제외한 나머지는 공부할 시간이 없다. 암튼 이제 우린 떳떳하다. 빨리 가서 부모님께 왜 공부를 못하는지 말해줘야겠다.

출처 : kr.image.yahoo.com


**- 성적 올리는 방법**

채소가게 자식은?  쑥쑥 올린다.

점쟁이 자식은? 점점 올린다.

한의사 자식은?  한방에 올린다.

성형외과 의사 자식은? 몰라보게 올린다.

구두닦이 자식은? 반짝 하고 올린다.

자동차 외판원 자식은? 차차 올린다.

할인점 사장 자식은? 파격적으로 올린다.

총알택시 기사 자식은? 따블로 올린다.

## 긍정의 힘만이 두려움을 이긴다

어쩌다 보니 수험생 얘기가 길어졌는데, 내가 말하고 싶은 건 마찬가지로 어른들도 경쟁과 실패에 대한 압박감에 주눅 들지 말자는 것이다. 경쟁은 피하고 싶다고 피해지는 게 아니다. 실패도 하고 싶어서 하는 게 아니다. 어떤 이는 현대사회에서는 능력 부족, 노력 부족이 아니라 실패에 대한 두려움 때문에 성공하지 못한다고 말한다.

〈목욕탕에서 만난 백만장자의 부자 이야기〉라는 책에서 많은 사람들이 부자가 되지 못하는 이유 중에 하나가 두려움이라고 말한다. '소유한 것을 잃는 것에 대한 두려움', '잘못된 경험에서 비롯된 두려움', '자신에 대한, 미지에 대한, 실패에 대한, 투자에 대한 두려움', '망하는 것에 대한 두려움'이 부자가 될 가능성을 막는다는 것이다.

두려움은 사람의 생각과 행동을 움츠러들게 한다. 목표도 확인하지 않고 들이대기부터 하는 돈키호테도 문제지만, 두려움에 사로잡혀 고민만 하는 햄릿도 문제다. 아무것도 하지 않으면 실패할 일은 없겠지만 결코 발전은 없다. 중요한 건 실패가 아니라 실패했을 때 다시 일어서는 것이다. 이게 바로 진정한 긍정의 힘이다. 그리고 긍정의 힘이 강한 사람은 설령 실패하더라도 더 큰 긍정의 힘으로 재기할 수 있다.

행복의 모습은 불행한 사람의 눈에만 보이고,

죽음의 모습은 병든 사람의 눈에만 보입니다.

웃음소리가 나는 집엔 행복이 와서 들여다보고,

고함소리가 나는 집엔 불행이 와서 들여다본다고 합니다.

받는 기쁨은 짧고 주는 기쁨은 길다.

늘 기쁘게 사는 사랑은 주는 기쁨을 가진 사람입니다.

넘어지지 않고 달리는 사람에게 사람들은 박수를 보내지 않습니다.

넘어졌다 일어나 다시 달리는 사람에게 사람들은 박수를 보냅니다.

비뚤어진 마음을 바로잡는 이는 똑똑한 사람이고,

비뚤어진 마음을 그대로 간직하고 있는 이는 어리석은 사람입니다.

돈으로 결혼하는 사람은 낮이 즐겁고,

육체로 결혼한 사람은 밤이 즐겁습니다.

그러나 마음으로 결혼한 사람은 밤낮이 다 즐겁습니다.

황금의 빛이 마음에 어두운 그림자를 만들고,

애욕의 불이 마음에 검은 그을음을 만듭니다.

먹이가 있는 곳엔 틀림없이 적이 있으며,

영광이 있는 곳엔 틀림없이 상처가 있습니다.

남편의 사랑이 클수록 아내의 소망은 작아지고,

아내의 사랑이 클수록 남편의 번뇌는 작아집니다.

남자는 여자의 생일을 기억하되 나이는 기억하지 말고,

여자는 남자의 용기를 기억하되 실수는 기억하지 말아야 하는 것입니다.

- '좋은 글' 중에서

## 멘토의 조언 – 회의 시간에 파워스피치가 되는 10가지 방법

1. 본인이 없는 자리에서 다른 사람 이야기를 하지 않는다. 자리에 없는 사람의 험담을 하는 사람은 다른 자리에서 나의 험담을 할지도 모르는 사람이다. 잘못하면 고자질이나 하는 놈으로 인격을 의심 받게 된다.
2. 긍정화법으로 이야기한다. '나쁘다' 보다는 '좋지 않다', '안 된다' 보다는 '노력해보겠다' 같이 가능한 긍정적인 방향의 단어를 쓰는 것이 좋다.
3. 연장자나 높은 직급의 사람에게는 먼저 발언할 기회를 주는 것이 좋다.
4. 다른 사람의 이야기 도중에 끼어들지 않고 끝까지 경청한다.
5. 말하기 전에 먼저 생각한다. 해도 되는 이야기인지, 어떻게 말해야 할지를 미리 생각하고 신중하게 말한다.

6. 당황해서 서둘러 대답하지 않는다. 사전에 충분히 준비해서 질문에 대비한다. 충분한 검토 없이 서둘러 대답해서 실언하지 않도록 각별히 주의한다.

7. 질문과 대답은 간결하게 한다. 말하고자 하는 요지를 간략하게 말해야 한다. 장황하게 말해서 전달하려는 내용을 파악할 수 없는 경우가 되지 않도록 우의한다.

8. 처음 할 이야기와 나중에 할 이야기를 구별해서 한다. 이야기에도 흐름이 있기 때문에 어떤 이야기를 먼저 하느냐에 따라 듣는 사람의 이해 정도가 달라진다. 그러므로 어떤 순서로 이야기를 풀어가는 것이 좋은지 사전에 충분히 검토한다.

9. 잘 알지 못하고 말했거나 잘못 말한 것은 솔직하게 인정한다. 자신의 잘못을 인정하지 않은 상태에서는 이야기가 겉돌고 자칫 말다툼으로 번지기 쉽다.

10. 상대방을 품어주고 살려주는 말을 한다. 흉을 보거나 꾸짖는 말보다는 칭찬하고 격려하는 말을 많이 하는 것이 좋다.

# 제 4 장

# 유머로 인생역전을 이룬 리더의 벤치마킹

_할 수 있을 만큼만 해라. 그거면 충분하다. 최선을 다하기만 하면
 된다.
_천재는 실수하지 않는다. 발견을 위해 의도적으로 할 뿐이다.


- 위대한 것 치고 정열 없이 이루어진 것은 없다. -R.에머슨
- 언제까지 계속되는 불행이란 없다. -로맹롤랑
- 오늘이라는 날은 두 번 다시 오지 않는다는 것을 잊지 말라. - 단테
- 시간을 지배할 줄 아는 사람은 인생을 지배할 줄 아는 사람이다. - 에센 바흐
- 역경은 사람을 부유하게 하지는 않으나 지혜롭게 한다. -풀러
- 시간과 정성을 들이지 않고 얻을 수 있는 결실은 없다. - 그라시안
- 오늘의 식사는 내일로 미루지 않으면서 오늘 할 일은 내일로 미루는 사람이
  많다. -C. 힐티
- 당신은 수많은 별들과 마찬가지로 거대한 우주의 당당한 구성원이다.
  그 사실 하나만으로도 당신은 자신의 삶을 충실히 살아가야 할 권리와
  의무가 있다.  - 맥스 에흐만

# 배꼽 빠지게 하는
# 중간계투 해설가의 어록
# - 차명석

1990년대 중반에 메이저리그를 중계하던 케이블 방송국에 특이한 야구해설가 한 사람이 조용히 화제를 모으기 시작했다. 어지간한 야구팬이 아니라면 잘 모르는 차명석이라는 이름의 야구선수 출신 해설가였다. 어쩌면 그는 더 이상 하일성이나 허구연 같은 '에이스' 해설가가 지키고 있을 필요가 없어진 중계석에 등장한 '중간계투 해설가' 였는지도 모른다. 언젠가 그가 이런 해설을 한 적이 있었다.

"차명석 해설위원님, 혹시 올스타전에 관한 추억이 있으십니까?"
"예, 저는 올스타전에 관한 추억이 아주 많습니다. 올스타로 뽑힌

적이 한 번도 없어서 올스타전 기간에는 항상 가족들과 여행을 다녔
거든요."

　화면에 등장한 선수를 놓고 '10년에 한 번 나올까 말까 한 선수'
라는 캐스터의 호들갑에 자신은 선수 시절 '10분에 한 명씩 나오는
선수' 라는 소리를 들었다고 대꾸하고, 야구선수 부인들이 하나같이
미인이라는 여담에 "내가 그 전통을 무참히 깨버렸다"고 무심히 말
하는 해설가.
　현역 시절 '한국의 그렉 매덕스' 라는 말이 있었다는 칭찬에 "어
쨌거나 공 느린 것은 똑같다"고 대꾸하는 그의 말 한 마디 한 마디
에 시청자들은 배를 잡고 굴렀다. 그리고 하나둘 생겨나기 시작한
열렬 지지자들은 그의 말을 엮어 인터넷을 통해 퍼 나르기 시작했
고, 그것이 '차명석 어록' 이라는 이름으로 퍼져나가기 시작했다.
　이는 "제가 선수생활 할 때만 해도…"라 완곡하게 시작하건, 혹은
"제 자랑 같습니다만…"으로 노골적으로 시작하건 자신을 가운데
놓고 꾸미는 이야기에 익숙해져 있던 사람들에게, 자신은 변두리에
세워놓고 그것과 대조해 그라운드 위의 선수들을 조명해서 일명
'자학해설' 이라고까지 불렸던 차명석의 해설은 분명히 큰 매력이
있었다.
　이처럼 그는 현역 선수 시절 때는 눈에 뜨이는 존재가 아니었음에

도, 솔직하고 유머러스한 야구 해설로 대중의 열렬한 환호를 받았
다. 지금도 인터넷에 차명석 어록이 떠돌 만큼 그의 유머와 솔직함
이 강한 인상과 즐거움을 준 것이다. 그 덕분인지 그는 지금 LG 트
윈스의 2군 투수코치로 다시 야구의 세계로 돌아갔다. 만일 실력이
부족해서 쓴 실패의 경험에만 매몰되어 있었더라면 그는 야구해설
가로 성공하지도 못했을 테고, 다시 야구 현장으로 돌아갈 수도 없
었을 것이다. 하지만 차명석은 자신의 쓰라린 경험을 넉넉한 웃음과
유머러스한 해설로 승화시켰다. 그래서 비록 야구선수로는 각광받
지 못했지만 대중의 사랑을 얻고 그가 진정으로 사랑하는 야구 현장
으로 다시 돌아갈 수 있었다.


## * 시청자들의 배꼽을 빠지게 만든 차명석 어록


캐스터 : 5만 명이 넘는 관중 앞에서 공을 던지는 투수의 심정은
어떨까요. 너무 떨리지 않을까요? 차명석 해설위원, 어떨 거 같
습니까?

차명석 : 굉장히 떨리겠죠. 근데 저는 잘 모르겠습니다. 그렇게
중요한 빅게임에서 선발 투수로 던질 기회가 없었거든요. 그리
고 중간계투로 나가도 떨리기 전에 강판당하기 일쑤였죠.

캐스터 : 앤디 페티트 선수, 견제구 동작이 좋아 주자들이 리드
를 잘 못하는군요.

차명석 : 앤디 페티트 선수 지난 8년 동안 견제구 아웃이 67개
나 되네요. 일반 시청자 여러분들이 이게 얼마나 좋은 기록인
줄 잘 모르시겠죠. 이해를 위해서 말씀드리면 제 선수생활 10
년 동안 견제구 아웃이 3개밖에 없었습니다.

캐스터 : 원아웃 2루 상황에서 투수코치가 나오고 있네요. 투수
에게 무슨 말을 할까요?

차명석 : 지금 타자가 타격감이 좋으니까 볼넷을 줄 걸 각오하
고 어려운 승부를 하라고 하겠죠.

캐스터 : 어려운 승부라면?

차명석 : 스트라이크 존에서 볼 1~2개 정도 빠지는 볼을 던지
고 걸려들면 다행이고 안 걸려들면 포볼로 걸러내라는 거죠.
근데 그게 정말 말도 안 되는 주문이죠. 그렇게 정교하게 컨트
롤 할 수 있으면 잡아내죠. 왜 거릅니까?

캐스터 : 아, 저런 상황에서 홈런을 맞았을 때, 기분은 투수 당
사자 말곤 아무도 모를 겁니다.

차명석 : 아, 저는 현역시절 홈런 맞은 경험이 많아 잘 압니다.

캐스터 : …….

캐스터 : 오늘 중계를 맡은 지방 케이블방송이 주로 메이저리
그와 낚시를 중계한답니다. 참 특이한 일이군요. 야구와 낚시

가 관계가 있습니까?

차명석: 야구선수 중에도 낚시광이 많습니다.

캐스터: 낚시 좋아하면 가족도 버린다던데.

차명석 : 제가 전에 모시던 감독도 낚시 참 좋아하셨습니다. 낚시 하며 제 생각 많이 했다더군요. 저놈을 짤라야 되나 말아야 되나.


캐스터 : 너클볼 투수인 팀 웨이크필드 다음에 앨런 엠브리가 던지니깐 공이 더 빨라 보이는 거 같아요..

차명석 : 그래서 제가 항상 이상훈 투수 앞에 던졌죠.

캐스터 : …….


캐스터 : 와! 케리우드 선수 슬라이더 90마일 찍힙니다. 참 대단 하네요.

차명석 : 전성기 시절 제 직구보다 빠르네요.

캐스터 : …….


캐스터 : 드류! 장거리 홈런이네요!

차명석 : 저런 홈런을 쳐본 적은 없어도 맞아는 봤습니다. 대전 구장에서 장종훈에게 맞은 홈런이 어찌나 컸는지 아직까지 날 아가고 있을 겁니다.

캐스터 : …….

**02**

# 즐거운 인생의 1% 비밀의 리더
# - 진수 테리

미국으로 이민 간 한국인 중에 진수 테리만큼 성공한 사람도 드물 것이다. 그녀는 오바마 행정부의 조달청 같은 미국 정부를 비롯한 수많은 기업과 단체 등에서 활발한 강연활동을 벌이는 펀 경영의 대가로 성공했다. 진수 테리의 강연 스케줄에는 미국뿐만 아니라 한국의 명강사협회, LG그룹을 비롯한 많은 대기업의 강연 요청들이 빼곡하게 들어차 있다.

실로 그녀가 미국에서 얼마나 성공한 유명인사가 되었는지를 알면 깜짝 놀랄 것이다. 2001년에는 '미국을 대표하는 100대 여성 기업', 2005년에는 미국 ABC TV '올해의 아시아 지도자 11인'에 선정되었다. 가장 놀라운 것은 그녀가 사는 샌프란시스코 주정부에서 매년 7월 10일을 '진수테리의 날'로 선정했다는 것이다. 대한민국 사람 중에 타국에서 자신의 이름을 건 기념일을 가진 사람이 진수 테리 외에 또 있을까?


## 소통과 유머가 학위보다 우선이다

1959년, 부산에서 출생. 부모님께서 '김진수'라는 이름을 지어 주셨다. 남들과 비슷한 나이에 부산대 섬유기계공학과에 입학했다.

1978년, 섬유산업이 최대의 호황기를 맞이했던 시기에 졸업했지만 취업이 안 되어 어쩔 수 없이 대학원에 진학했다.

긴 가방끈을 가지고도 무려 150번의 이력서를 내고 겨우 작은 방직공장에 취업했다. 그것도 얼마 못가 회사에서 짤림. 지지리도 운도 없고 별 볼일도 없는 백조였다. 26살에 남편 샘 테리를 따라 얼떨결에 미국으로 이민. 그로부터 7년 넘게 접시닦이와 음식점 서빙부터 의류부품공장 조립공으로 뼈 빠지게 일했지만 정확한 이유도 모른 채 충성을 다 받친 회사에서 또 해고된다. (오~ 마이~ 갓~!)

억울한 그녀, 전 회사 부사장에게 해고 사유를 묻기 위해 전화를 걸면서 인생역전의 계기를 얻게 된다. 일은 잘하지만 '재미'가 없는 게 해고 이유라는 걸 알고, 그때부터 재미있는 사람이 되기 위해 '펀 트레이닝'에 돌입했다.

그리고 마침내 실리콘밸리를 비롯한 미국 기업과 조직에 '펀 경영' 바람을 불어넣는 미국 최고의 펀 경영 컨설턴트로 성공했다.
2001년 그녀 나이 마흔두 살 때, 미국 샌프란시스코 시는 7월 10일을 '진수 테리의 날'로 선포했다.
2005년, 미국 ABC-TV에 의해 '아시아 지도자 11인'에 선정되었으며, 2007년에는 아메리칸 익스프레스 사에 의해 미국에서 '가장 창의적인 중소기업인 6인'에 선정되었다.

한편 회사에서 해고된 진수 테리는 다른 회사에 취직했지만 MBA라는 학력을 가지고도 또 다시 승진을 거절당했다. 너무도 낙담한 진수 테리는 왜 자신이 거부당하는지 그 이유가 궁금했다. 진수 테리는 용기를 내어 전 직장의 부사장에게 전화를 걸어서 대체 왜 자신을 해고했냐고 물어보았다. 그러자 그는 진수 테리에서 이렇게 조언해주었다.

첫 번째, 그녀는 다른 사람들과 커뮤니케이션 하는 방법을 모른다. 경청의 중요성을 모르던 그녀는 회사 내의 커뮤니케이션은 일방향이라고 믿었다.

두 번째, 그녀는 팀으로 일하는 것을 싫어하고 단독으로 일하려고만 한다. 상사는 부하 직원에게 지시만 하면 되는 줄 알았기 때문이다. 그녀는 성과에만 집착했고, 팀으로 일하는 방법과 팀원 간의 화합을 이해하지 못했다.

세 번째, 그녀는 칭찬에 인색하다. 당시 그녀는 고압적이고 다른 사람들을 인정해거나 격려하지 않았고, 다른 직원들과의 커뮤니케이션에 관심이 없었다.

네 번째, 그녀는 타인의 장점과 잠재능력을 끄집어내지 못하기 때문에 많은 직원들의 재능을 낭비하게 만든다.


그녀에게 가장 큰 충격을 준 것은 마지막 이유였다. '재미없는 사람'이기 때문에 해고당했다니. 당시 그녀는 사람들을 보고 미소를 짓거나 웃지도 않고 항상 무표정했다. 그래서 많은 직원들이 그녀를 무서워했고, 함께 일하기를 꺼려했다고 한다. 부 사장은 전화를 끊기 전에 마지막으로 진수 테리에게 이런 충고를 해주었다.

"당신은 배운 걸로 치면 벌써 차고도 넘칩니다. 당신의 문제는 미국 대학 졸업장이 없다는 게 아니라 동료들과 커뮤니케이션이 안 된다는 거예요."

그렇다면 일방적인 권고사직을 당할 정도로 '재미없고 무뚝뚝하고 칭찬에 인색하고 커뮤니케이션 능력이 부족하던' 진수 테리가 어떻게 지금의 화려한 성공을 이룩할 수 있었을까?

## 관점을 바꾸면 불행도 행복이다

진수 테리는 그때 부사장에게 전화를 걸어 해고 이유를 물어본 일을 지금까지 자신이 한 일 중에서 가장 잘한 일이라고 말한다. 그 전화 한 통으로 자신이 인종차별의 희생자라는 피해의식과 회사로부터 유능함을 인정받아야 한다는 강박을 벗어던졌다는 것이다. 또한 자신이 미처 깨닫지 못했던 커뮤니케이션이라는 1%의 부족분을 찾아내고서 그것을 전화위복의 기회로 삼았다. 이후 그녀는 '타인을 웃게 하고 자신도 즐거운 세계 최고의 낙관주의자'가 되기로 마음먹었다. 그리고 10년이라는 세월에 걸쳐 자신을 웃음과 유머로 단련시켜 마침내 미국 전역에서 러브콜을 받는 훌륭한 편 경영 컨설턴트로 성공했다.

진수 테리는 자주 이런 말을 한다. "행복과 불행을 받아들이는 것도 관점의 차이라는 생각이 든다. 이 말을 달리하면, 관점을 조금 바꿔보면 즐거움과 행복은 도처에서 우릴 기다리고 있다는 뜻이다."

진수 테리가 말하는 행복한 삶이란 바로 발상의 전환에서 시작된다. 위기의 순간이라고 생각될수록 즐겁게 다음 순서를 기다리며 호기심을 가지고 흥미진진한 모험을 즐기는 탐험가처럼 주저하지 않고 세상이라는 놀이터로 뛰어들면 된다.

진수 테리가 찾는 즐거운 인생의 1%의 비밀은 바로 유머와 웃음에 있었던 것이다.

실연 : 내가 꿈꾸어왔던 멋진 연애를 시작할 수 있는 기회

낙방 : 최고 득점자로 합격하기 위한 모의고사

실직 : 최고의 CEO가 되기 위한 트레이닝

불운 : 기막힌 근사한 행운이 찾아오리라는 징조

실패 : 내 자서전이 보다 흥미진진해질 수 있는 소재거리

교통지옥 : 나의 미래를 구상하는 특별 보너스 타임


**- 진수 테리가 말하는 낙관주의자가 되는 3가지 방법**

그녀는 낙관주의자가 되려면 다음의 3가지를 머릿속에서 지워 버리라고 권한다. 이 세 가지를 지우면 낙천적이고 긍정적인 사람이 될 수 있으며, 낙천성과 긍정성이야말로 성공의 주요 요건이기 때문이다.

1. but(하지만) : 매사에 부정적인 토를 달지 말라. 이것은 타인까지도 우울하게 만드는 악의 근원이다. but을 and로 바꿔 말하면 행운이 온다.

2. cannot(할 수 없다) : 가능성보다 불가능을 먼저 보는 것은 일을 시작하기도 전에 사기를 꺾는다.

3. difficult(어렵다) : 어떤 일을 어렵다고 생각하면 도전의 욕구가 꺾여진다. 오히려 도전 욕구를 가지고 덤벼들면 흥미진진한 일이 펼쳐진다. 도전은 기회의 또 다른 얼굴임을 기억하자.

**03**

# 유머로 삶을 노래하는 시인
## - 용혜원

그대를 만나던 날

느낌이 참 좋았습니다

착한 눈빛, 해맑은 웃음

한 마디, 한 마디의 말에도

따뜻한 배려가 있어

잠시 동안 함께 있었는데

오래 사귄 친구처럼

마음이 편안했습니다


내가 하는 말들을 웃는 얼굴로 잘 들어주고

어떤 격식이나 체면 차림 없이

있는 그대로 보여주는

솔직하고 담백함이

참으로 좋았습니다…

그대는 함께 있으면 있을수록

더 좋은 사람입니다


이 시는 우리나라 사람들 대부분이 좋아하는 용혜원 시인의 대표작 〈함께 있으면 좋은 사람〉이란 시다. 이 시를 읽으면 이 시인이 매우 감수성이 풍부하고 부드럽고 조용한 사람일 거라는 상상을 하기 쉽다. 그러나 텔레비전에 출연한 용혜원 시인의 모습을 보고 많은 사람들은 기절초풍할 정도로 놀랐다. 조용하고 부드러울 거라고 상상했던 이미지가 와장창 깨졌기 때문이다.

「KBS 아침마당」에 출연한 용혜원 시인은 뛰어난 입담과 열정으로 쉬지 않고 시청자들을 웃겨버렸다. 그는 조용히 시만 쓰는 시인이 아니라 '사랑을 노래하고 유머를 전달하는 시인' 이라는 독특한 직함을 가지고 사람들에게 열정과 희망, 사랑과 웃음을 불어넣기 위해 어디든 달려갔고, '유머 컨설턴트', '열정 깨우기 강사' 로서 일 년에 5천 번가량의 강의를 할 정도로 움직이는 에너지 덩어리였다. 덕분에 그는 한국경제신문과 한국강사협회에서 명강사로 선정

되기까지 했다.

## 웃음은 행복해지려는 삶의 태도다

용혜원 시인은 많은 강의에서 항상 '행복한 삶과 성공'에 대해 말한다. 어떻게 살면 행복해지고 성공할 수 있는지를 시인 특유의 표현과 설명으로 쉽게 알려준다. '유머자신감연구소 원장'이라는 재밌는 직함을 가진 용혜원 시인은 항상 '유머와 자신감'이 성공의 요건이라고 강조한다. 강연 때마다 유머와 자신감만 있으면 무엇이든 할 수 있고, 누구나 성공할 수 있다고 큰 목소리로 강조한다. 현재 처한 상황은 쉽게 바꿀 수 없지만 얼굴은 우리 힘으로 바꿀 수 있고, 아무리 힘들고 어려워도 억지로라도 웃는 얼굴을 만들면 현재 닥친 상황을 긍정적으로 받아들일 수 있다는 것이다. 이를 증명하듯이 그는 〈성공을 부르는 웃음, 유머〉라는 자신의 저서에 나오는 가난했던 시절의 일화를 예로 들고 있다.

한창 경제적 어려움을 겪던 시절, 용혜원 시인은 셋방살이를 했다. 방 한 칸을 얻기 위해 여기저기 수없이 많은 집들을 헤매고 다녔다. 그러다가 괜찮다 싶은 방을 찾았는데 집 주인이 아이들이 있어 시끄럽다며 세 주는 것을 거절했다. 그리고는 신혼부부에게 방을 내주겠다고 말했다. 실망해서 찔끔 눈물이 나려는 순간, 그는 아내에게 이렇게 말했다고 한다.

"우리가 시끄러운가? 신혼부부가 더 시끄럽지!"

그 말에 아내는 피식 웃어버렸다. 용혜원 시인의 유머 한 마디가 아내의 우울한 마음을 가볍게 만들어준 것이다.

만약 용혜원 시인이 남자 체면 구긴 게 창피해서 괜히 큰소리를 치거나 신세한탄을 했다면 두 사람의 마음은 더욱 무거워졌을 것이다. 걱정한다고 어려운 상황이 달라지는 것도 아니다. 울고 짠다고 없는 돈이 하늘에서 뚝 떨어지는 것도 아니니 그냥 웃으며 마음이라도 가볍게 만드는 게 우선이다. 유치한 유머라도 주고받으며 웃다 보면 마음의 무거운 바윗덩어리가 스르르 사라지게 된다.

"웃어라! 그러면 이 세상도 웃을 것이다. 울어라! 그러면 너만 혼자 울게 될 것이다"라는 윌콕스의 말처럼.

용혜원 시인은 유머는 행복해지려는 삶의 태도와 관련이 있다고 말한다. 아무리 많은 유거를 알고 있어도 자기 삶이 유쾌하지 못하면 그 유머는 금고에 갇힌 보물에 불과하다. 즉 유머 잘하는 사람이란 유머집을 많이 읽어서 유머 기술을 익힌 사람이 아니라, 감동적이고 행복한 삶 속에서 낙관적인 태도를 가진 사람이다. 자기 삶이 즐겁지 않고 감동적이지 않은데 어느 누구를 웃게 만들고 감동시키겠는가?

성공한 사람들을 항상 자신감이 넘친다. 그들은 자신들의 성공과 자신감을 웃음으로 표현한다. 흔히 얼굴은 그 사람의 삶을 보여주고 행운과 불행을 끌어온다고 말한다. '웃으면 복이 온다', '마흔이 넘으면 자신의 얼굴에 책임을 져야 한다' 는 말도 이런 측면에서 해석할 수 있다. 그래서 지금 행복한 사람은 항상 환하게 웃는다.

지독한 우울증을 앓고 있던 링컨은 "나는 울지 않기 위해 웃어야 한다. 밤낮으로 나를 짓누르는 두려운 고통 때문에 내가 웃지 않았다면 나는 죽었을 것이다"라고 말했다. 우리도 링컨처럼 이럴 때일수록 가슴을 쫙 펴고 큰소리로 웃어보자. 당신의 큰 웃음소리가 행운과 성공을 가져다줄 것이다.

### 용혜원 시인이 말하는 '생을 풍요롭게 만드는 5가지 끈'

#### 첫째, 매끈

외모만 매끈한 것이 아니라 인격과 성품이 매끈해야 한다. 부정적인 생각에 가득 차서 까칠한 사람보다는 항상 부드럽고 온화하며 매끄러운 성격을 갖추기 위해 노력해야 한다. 부드러운 표정, 훌륭한 매너, 세련되고 배려 깊은 미소와 말투, 자신감 등을 갖추면 인생도 매끄러워진다.

#### 둘째, 따끈

마음이 따끈한 사람은 주변을 밝힌다. 따뜻한 사람은 자신뿐만 아니라 타인의 마음까지도 따뜻하고 행복하게 만들어준다.

#### 셋째, 발끈

항상 부드럽고 따끈하지만 때로는 오기 있고 끈질긴 힘도 필요하다. '발끈' 한다는 것은 열정의 또 다른 표현이기 때문이다.

인생은 수많은 실패의 굴곡이 찾아드는 여정이다. 하지만 실패라는 것은 넘어지는 것이 아니라 넘어진 그 자리에 머물러 아무것도 하지 않는 것이다. 때로는 오기를 가지고 실패에서 벗어날 줄 알아야 한다.

그러나 인간관계에서의 발끈은 또 다르다. 자기 자신에게는 오기를 가지되 타인에게는 발끈하는 대신 열 번을 참아내고 설득할 줄 아는 차분함과 인내를 가져야 한다.

### 넷째, 질끈

우리 마음도 때로는 신발 끈처럼 질끈 묶어줄 필요가 있다. 열 번을 잘해도 한 번의 잘못 때문에 좋지 않은 결과를 가져올 수 있기 때문에 항상 마음을 다스리고 결심을 굳혀야 한다. 그리고 눈을 질끈 잘 감는 사람이 되어야 한다.

화를 내기 전에, 성급하게 결단을 내리기 전에, 질끈 하고 눈을 감고 깊이 생각해봐야 한다. 또한 비난당하거나 어려움을 당할 때도 눈 한번 질끈 감고 생을 바꾸면 모든 것이 순리대로 흘러간다.

### 다섯째, 화끈

화끈함은 대범함의 또 다른 표현이다. 자기 소신을 가진 책임감이 강한 사람은 일도 삶도 화끈하게 꾸려간다. 분명한 태도로 임하고 정확하게 행동하는 사람은 위기를 만나도 얼마든지 그 파도를 넘을 수 있다.

## 04

# 유머로 인생역전을 이룬 사나이
# - 진철호

1999년의 아주 추운 겨울날, 자살을 결심한 한 남자가 소주 두 병을 마시고 한남대교 난간으로 다가갔다. 뇌수술을 받고 이혼을 하는 등 대형 사건을 다섯 차례나 겪고 난 그 남자는 이제 살고 싶은 마음이 없어져서 다리를 난간 위로 올렸다. 그때 지나가던 한 중년 남자가 느릿한 목소리로 그에게 말했다.

"지금 뛰어내리면 얼어 죽어요. 좀 기다렸다 따뜻한 봄이 되면 뛰어내려요."

그 말을 듣자 자살하려던 그 남자는 순간적으로 웃음이 나왔다. 죽으려는 사람을 붙잡고 뜯어 말리기는커녕 지금 뛰어내리면 얼어 죽으니까 따뜻한 봄날까지 기다렸다가 뛰어내리라는 말에 어이가 없기도 했고, 정말 죽는 것밖에 다른 방법이 없을까 하는 생각도 들었다. 그래서 그는 난간에 올린 다리를 슬그머니 내리고 그날 그 중년 남자와 포장마차에서 소주잔을 기울이며 지금의 사업을 구상했다. 그 남자가 바로 한중엔터테인먼트로 성공한 진철호 대표다.

"당신 내가 그때 심각하게 말렸으면 정말 뛰어 내렸을 걸."

지금은 진 대표의 후원자가 된 그 중년 남자가 나중에 이렇게 말했다고 한다. 그의 말에 진 대표는 웃음을 터뜨리며 수긍했다. 만일 그 비장한 상황에서 "죽을 용기가 있으면 그 용기로 다시 한 번 시작해봐" 같은 말을 들었더라면 아마 묘한 반발심과 오기로 진짜로 뛰어내렸을지도 모른다는 것이다. 하지만 중년 남자의 유머는 곧 터질 듯한 풍선의 바람을 빼듯 괴로움과 절망감 가득했던 진철호 대표의 마음을 달래주었다. 한 순간의 웃음이 그의 인생을 바꾸어놓은 것이다.

언론인 출신인 진 대표는 실로 그때 인생의 벼랑 끝에 몰려있었다. 인터뷰에서 "한 사람이 평생 살면서 한번 겪기도 힘든 뇌수술·이혼 등 대형사건(?)을 5차례 이상 겪고 나니, 사는 게 뭔지 싶더든요. 인생의 마지막 승부수라고 생각했던 프랑스 외인부대 입대마저 좌절되고, 결국 선택한 것이 자살 시도였죠."라고 말했다. 그 일을 겪은 후 진 대표는 성격도 낙천적이고 유머가 풍부한 CEO로 다시 태어나 제2의 인생을 살고 있다. 지인들의 도움과 우여곡절 끝에 그의 회사는 중국 내 한국의 대표적 엔터테인먼트 기업으로 인정받고 있으며, 2005년 1월에 열린 '제7회 장춘영화제'에는 한국영화 주관 회사 자격으로 초청을 받았고, 중국 내 한국영화배급 건도 땄다.

"이제는 성공의 문턱에 와 있다고 생각합니다. 긍정적으로 바뀐 성격과 내면에 잠자고 있던 풍부한 유머가 지금의 나를 만들었다고 생각합니다."

현재 이 업계에서 진 대표는 걸어 다니는 '유머 CEO'라고 불린다. 위트와 유머로 무장한 그는 가는 곳마다 좌중을 사로잡을 정도로 변했다. 현재 그는 한 기업의 대표답게 무게를 잡기보다는 "적절한 유머와 위트를 구사할 줄 아는 리더가 조직을 성공적으로 이끌 수 있다"는 지론으로 살아가고 있다.

### 직장에서 쫓겨날 7가지 징조

징조 1. 엄청난 실수를 했는데 아무 말도 안 한다.

징조 2. 사장 등 임원을 만나기가 힘들다.

징조 3. 팀장의 행동이 갑자기 달라진다.

징조 4. 악질적인 상사가 갑자기 친절해진다.

징조 5. 회사 컴퓨터에 대한 자신의 이용권한이 바뀌었다.

징조 6. 회사에서 더 이상 주는 것이 없다.

징조 7. 그냥 왠지 모르게 불안하다.

## 이렇게 하면 꼬~옥 망한다! – 인생을 망치는 10가지 방법

### 1) 어떤 유용한 기술도 배우지 마라

쓸모없는 인간이 돼라. 좋은 공부 습관을 익히기 위해 애쓸 것도 없다. 엘비스 프레슬리가 교육을 제대로 받은 것도 아니고 마돈나가 대학원을 간 것도 아니지 않은가.

### 2) '자기 단련' 같은 것은 절대 하지 마라

육군사관학교에 간 것도 아니고 신병훈련소에 들어간 것도 아니다. 쉴 수 있는 만큼 최대한 쉬자. 음식도 아무렇게나 먹어라. 제일 중요한 것! 놀 수 있는데 일하지 마라.

### 3) 웬만하면 남의 탓을 하라.

잘못된 일은 남의 탓이든지 아니면 운이 나빠서일 뿐이다.
시험을 못본 것은 선생이 잘못 가르쳐서 그런 것이다. 내가 잘못 하려고 그런 게 아니다. 그러니까 책임을 질 일도 없다.

### 4) 모든 걸 부러워하고 어떤 것에도 감사하지 마라

다른 모든 사람을 부러워하라.
옆집 잔디가 더 푸르거든 그 사람이 잘 가꿔서 그렇겠지 생각하지 말고 그냥 부러워해라. 시기와 질투는 완벽한 독이다. 정기적으로 복용하여 인생이 제대로 된 방향으로 갈 가능성을 막아라.

### 5) 이상한 사람들과 어울려라

불행하고 성공하지 못한 사람들과 정기적으로 만나라.
당신 인생이 아무리 잘못돼도, 더 이상한 사람들을 보고 있으면 위로가 될 것이다.

### 6) 연륜과 경험을 존중하지 마라

전통? 경험으로 축적된 기술? 그런 건 다 아는 것 아닌가?
근면하게 노력해서 배울 수 있는 기술이라는 것은 있지도 않다. 날 때부터 다 아는 것이다.

### 7) 절대 저축하지 마라

근검과 저축이 웬 말이냐.
평생 좋은 일자리를 가질 수 있고 주식투자는 잘 될 것이며 부자친구가 있어 도움을 받을 수 있을 것이다. 저축은 인생을 즐길 줄 모르는 자들이 하는 짓이다.

### 8) 남들에게 아무 신세도 지지 않았다고 생각하고 살아라

나만 즐겁고 편하면 되지 남에게 왜 신경을 쓰나. 학창시절 은사, 나라를 지켜주는 군인들, 각자 자기 의무를 하고 있는 것 아닌가?

### 9) 자기 수입보다 높은 수준으로 살아라

사고 싶은 대로 다 사라. 남들이 가진 게 부러울 때, 잡지에 난 폼 나는 무엇인가가 사고 싶으면 망설이지 말고 사라. 신용카드 값이 밀리면 카드 하나 더 만들면 된다.

### 10) "그렇게 내가 뭐랬어"라는 말을 자주 해라

다른 사람들이 어려움에 빠졌을 때 동정하지 마라. 고통을 나눠 짊어질 필요도 없다. 그냥 말해줘라. "그렇게 내가 뭐랬냐." 남의 상처에 소금을 뿌리는 일이 될 것이다.

〈인생을 망치는 10가지 방법〉은 미국 대통령의 연설문을 쓴 칼럼니스트이자 변호사이며 배우인 벤 스타인이 쓴 〈인생을 망치는 방법(How to Ruin Your Life)〉이라는 책에 나오는 내용이다. 부정적인 생각과 행동만으로도 얼마든지 인생을 망칠 수 있는 35가지 방법 중에서 10가지만 발췌한 것이다.

실패하고 싶다면 굳이 노력하지 않아도 된다. 지금 하던 대로만 죽 하면 되니까…….

# 제 5 장

# 무한리필 유머 매뉴얼

_고등학교 '되고'를 아는가? 그대는 '되고 법칙'을 아는가?
돈이 없으면 돈을 벌면 되고, 잘못이 있으면 잘못은 고치면 되고,
안 되는 것은 되게 하면 되고, 힘이 부족하면 힘을 기르면 되고,
잘 모르면 물어보면 되고, 잘 안되면 될 때까지 하면 되고,
생각이 부족하면 생각을 하면 되고, 내가 믿고 사는 세상을 살고 싶으
면 거짓말, 속이지 않으면 되고, 미워하지 않고 사는 세상을 원하면
사랑하고 용서하면 되고, 사랑받으며 살고 싶으면
부지런하고, 성실하고, 진실하면 되고, 세상을 여유롭게 살고 싶으면
이해하고 배려하면 되고, 해보라!! 된다고!!

- 때가 되면 마땅히 스스로 공부에 힘써야 하며 세월은 사람을 기다리지
  않는다. - 도연명
- 미래는 현재에 의해 얻어진다. 오늘은 어제의 시작이다. - T.풀러
- 원한을 품지 말라. 대단한 것이 아니라면 정정당당하게 자기가 먼저 사과
  하라. 미소를 띠고 악수를 청하면서 일체를 흘려버리고자 하는 사람이
  큰 인물이다. -카네기
- 알차게 보낸 하루가 편안한 잠을 제공하는 것처럼 알찬 생애가 평온한
  죽음을 가져다 준다. -다빈치
- 시간을 단축시키는 것은 활동이요, 시간을 견디지 못하게 하는 것은 안일함
  이다. - 괴테
- 짧은 인생은 시간의 낭비에 의해 더욱 짧아진다. - S. 존슨
  \한창 때는 다시 오지 않고, 하루가 지나면 그 새벽은 다시 오지 않는다.
- 하루하루를 우리의 마지막 날인 듯이 보내야 한다. - 푸블릴리우스 시루스

# 유머는 자신감이다

대부분의 사람들은 대중 앞에 나서는 것을 두려워하는 심리가 있다. 거기에는 "내가 말해서 분위기 썰렁해지면 어떡하지?" 또는 "내가 실수하면 저 사람들이 나를 비웃겠지"라는 비관적 사고가 깔려 있다. 사람들이 자신의 발언에 호응하지 않을 거라는 두려움, 심지어 자기를 싫어할 거라는 부정적인 생각이 강하니 유머는커녕 제대로 말 한 마디 하기도 힘들다.

심지어 비즈니스 하는 사람들 중에도 이런 심리 때문에 협상이나 프레젠테이션을 두려워하는 사람들이 의외로 많다. 이들은 일종의 대인공포증을 앓고 있는 셈인데, 이런 심리의 바탕에는 자신에 대한 자신감 부족이 존재한다.

자신에 대한 자신감이 충만한 사람은 사람들 앞에서 말하거나 소통하는 것을 두려워하지 않는다. 비즈니스 세계에서 유머를 잘하는 사람을 선호하는 것도 그래서다. 아무리 까다롭고 어려운 상대를 만나도 다양한 유머를 구사하면서 대화를 즐겁게 이끌어나갈 수 있기 때문이다.

### ■ ■ ■ 엄마가 아빠한테 존댓말을 하는 이유

영희의 엄마 아빠는 연상 연하 커플이다.

겨우 한 살 차이지만 영희 엄마는 '나 영계랑 살아!'라고 동네 방네 자랑을 하고 다녔다. 그런데 영희는 아빠가 엄마한테 누나라고 부르거나 누나 대접을 해 주는 것을 한 번도 본 적이 없었다. 보통 엄마 아빠의 대화는 이랬다.

아빠 : 어이, 빨래는 했어?

엄마 : 네에! 그럼요.

아빠 : 어이, 그거 가져왔어?

엄마 : 어머나! 깜빡했네. 어쩌죠?

영희는 '연상연하 커플이라고 별수 있나, 다 그렇지 뭐.'라고 생각했다. 그래도 마음 한편으로 이해가 되지 않아 설거지를 하고 있는 엄마에게 물어 보았다.

"엄마, 엄만 왜 아빠가 더 어린데 존댓말을 써?"

그러자 엄마가 대답했다.

"안 그럼, 재 삐져~!"

## 자신을 신뢰하는 것부터 시작하라

유고슬라비아 대통령인 티토는 2차 세계대전 때 조국이 적군에게 짓밟히자 80만 명의 빨치산 대원을 이끌고 우스타샤, 독일, 이탈리아, 체트니크의 연합 공격에 맞서 유고슬라비아를 탈환한 전쟁 영웅이다. 그 후 그는 정치에 나섰지만, 항상 암살의 위험 속에서 살아야 했다. 그리고 마침내 대통령의 자리에 오른 티토는 공산주의 독재자라는 오명을 들으면서도 유고의 분열을 막고 독자적인 노선을 뚝심 있게 밀고 나갔다. 이런 티토가 유고의 TV 프로그램에 나와서 자신의 젊은 시절에 대해 얘기하며 뜻밖의 말을 했다.

"사실 저는 젊었을 때 미국으로 이민 갈 생각을 한 적이 있었습니다." 철두철미한 애국심의 화신 티토가 한때 이민 갈 생각을 했다는 말에 모든 사람들이 놀랐다. 그래서 진행자가 놀란 얼굴로 물었다.

"만약 그때 이민을 갔더라면 어떻게 됐을까요?"

그러자 그는 당연하다는 듯이 이렇게 답했다.

"그야 미국 최고의 백단장자가 됐겠지요."

어떤 상황에 있더라도 최고의 자리에 오를 수 있다는 충만한 자신감이 없다면 도저히 하기 힘든 말이다. 티토를 유고슬라비아의 영웅으로 만든 것은 바로 이 자신감이었을 것이다. 또한 그 자신감이 그를 목숨이 위태로운 냉혹한 정치 세계에서 끝까지 살아남아 대통령의 자리에 오르게 만들었다.

## ■ ■ ■ 빌게이츠의 재산으로 할 수 있는 일

우리나라에서 땅 650만 7,140평(서울의 5.4배)을 산다.

타워팰리스 팬트하우스 17,660여 채를 산다.

우리나라 대학생(문과 기준) 143만 7,500여 명의 1년 학비를 대준다.

구찌시계를 우리나라 국민 중 약 2명 중 1명만 골라 2,118만 명에게 선물한다. 힐튼호텔 최고급 객실인 비스타 스위트룸에서 1만 4886년 동안 숙박한다.

버스를(성인 요금) 263억 1,578만 번을 탄다.

장미꽃 186억 4,000만 송이를 산다.

전국에 있는 이마트에 진열된 모든 상품을 9년간 싹쓸이 해버린다.

농심 신 라면을 우리나라 국민에게 1인당 52만개를 준다.

자장면 1억 3,314만 그릇을 주문한다.

24개입 초코파이를 194억 1,660만 개 산다.

스타벅스 커피 105억 4,540만 잔을 마신다.

코카콜라 캔 580억 2,500만 개를 구입한다.

도미노 피자에서 라지로 올스타 피자를 23억 1,440만 판을 시킨다.

전세계 5,658만 명이 받을 수 있는 에이즈 감염 퇴치 교육 지원금으로 낸다.  엔초페라리 27,411대를 구입한다.

120층 이상의 빌딩 43개를 짓는다.

12,000원 짜리 책을 골라 잡아 38억 8,300만 권을 사들인다.

브래드 피트를 캐스팅해서 누드 사진 38,833장을 찍는다.

# 02

# 유머는 사랑이다

**누군가를 웃게 만들고 싶다면 그 마음이 바로 사랑이다**

누군가를 사랑하게 되면 상대를 즐겁고 행복하게 만들어주고 싶게 된다. 좋은 것을 보면 보여주고 싶고, 맛있는 것을 먹으면 같이 먹지 못하는 걸 안타까워한다. 이렇게 사랑에 빠지면 누구나 상대를 위해 헌신하고 노력하는 열정가가 된다.

나는 유머의 바탕을 사람에 대한 애정과 헌신에서 찾는다. 눈에 콩깍지가 씌면 빨래비누로 감은 머리에서도 향수 냄새를 맡을 수 있듯이, 유머와 웃음으로 대하면 모든 것이 다 사랑스럽게 보인다. 아내가 내 못난 점을 지적할 때도 유머러스하게 하면 순순히 인정할 수 있고, 상대의 단점드 웃는 눈으로 바라보면 그다지 거슬리지 않는다. 이렇게 부부 사이, 연인 사이, 부모와 자식, 친구들, 직장 동료들 사이에 유머가 풍부하면 갈등이 쉽게 해소되고 서로에게 너그러워진다.

요즘 들어 유머의 긍정적 효과가 빛을 보면서 많은 이들이 대인관계 개선을 위해 유머를 배운다. 그래서 자기소개법이나 유머 화법을 가르쳐주는 센터나 강의들도 부쩍 많아졌다. 이런 곳에 가보면 정말 남녀노소 불문하고 각양각색의 직업과 상황을 가진 사람들이 찾아든다. 무뚝뚝한 남편과 대화를 나누기 위해 찾아온 40대 주부, 여자친구를 만들 목적으로 온 대학생, 협상을 잘하기 위해 온 영업부 직원, 심지어는 펀 경영을 도입하기 위해 유머를 배우러온 사장과 임원들까지 있다.

그런데 첫 수업에 가보면 유머 배우러 왔다는 사람들이 대부분 굳은 얼굴로 각을 잡고 앉아 있다. 하지만 일단 '못 웃기면 가만 안 둘 줄 알어?' 이런 표정부터 바꿔야 한다. 다행히 수업이 몇 번 진행되면 이들의 표정이 슬슬 바뀌어간다. 강사의 말에도 적극적으로 반응하고, 큰소리로 자연스럽게 웃는다. 그런데 한 가지 재밌는 건, 이렇게 수업이 중반을 넘어가면 대부분의 수강생들이 하나같이 이런 말을 한다는 점이다.

"웃는 일이 이렇게 즐겁고 신나는 건지 몰랐습니다!"

"다른 사람도 이렇게 웃게 만들고 싶어요."

웃음의 핵심은 이것이다. 내가 먼저 웃어보고 좋으면, 나 역시 누군가를 웃게 만들어주고 싶은 마음이 생겨난다. 이게 바로 웃음이 가진 힘이다.

즉, '유머=사랑' 이다!

### ■■■ 웃지 않고는 못 배기는 트위터 유머

요즘은 핸드폰 문자로 대화하는 게 일상화되었다. 그런데 글자로 하다 보니 가끔 오타가 나서 엉뚱한 내용이 가기도 한다. 맞춤법과 띄어쓰기의 위력을 새삼 실감할 수 있을 것이다.

할머니가 중풍으로 쓰러지셔서 급히 엄마에게 문자를 보냈는데 그만
-> "할머니 장풍으로 쓰러지셨어."

제 친구가 피자먹는다는 얘기를 문자로 "나지금 피지먹어"
-> 어쩐지 피부가 짱 좋더라.

남자친구와 헤어지고 평평 울고 있는데 남자친구한테 온 문자
"좋은감자만나"
-> 에이 감자만도 못한 놈

작년에 봉사활동 가던 도중에 온 엄마의 문자 "어디쯤 기고있니"

-> 엄마! 제가 개미인가요? 기어가게?

할머니에게 "할머니 오래사세요"라고 적어야 하는데, "할머니 오래사네요"

->고놈 참~!

엄마한테 늦게 들어간다고 문자했더니 답장이 왔는데 "그럼 올때 진화하고와."

-> 피캇츄~!

학원 끝나고 엄마한테 "엄마 데릴러와"라고 보내야 하는데 잘못 써서 "임마 데릴러와"

-> 아들! 반말하시고 그래요, 임마!

생일날 여자 친구한테 "원하는 거 없어?"라고 문자가 왔는데 딱히 없어서
"딱히 원하는 건 ㅇ벗어"

-> 최고의 생일 선물이였네요.

## 유머는 헌신에서 나온다

개그맨들은 관객들을 웃기기 위해 온몸을 다 바친다. 머리가 빠개지도록 아이디어를 짜고, 책과 신문과 잡지를 열독하고, 연습, 또 연습한다. 게다가 이들은 자신이 망가지는 것도 두려워하지 않는다. 맹구나 영구 같은 바보 캐릭터가 관객들에게 큰 웃음을 줄 수 있었던 것도, 자신을 바보처럼 보이는 것에 최선을 다했던 헌신 덕이었다. 만약 그들이 바보 같아 보이는 것에 불만을 가졌다면 사람들에게 큰 웃음을 준 훌륭한 바보들은 결코 탄생하지 못했을 것이다. 그래서 그들은 아직도 바보 소리 듣는 것을 자랑스럽게 여긴다.

사실 망가지는 것으로 치자면 개그우먼 조혜련의 '골룸 분장'을 빼놓을 수 없다. 조혜련의 골룸 분장은 시청자는 물론 스텝들까지 충격과 폭소의 도가니로 몰아넣었다. 많은 여자 개그맨들이 망가지는 것을 두려워하지 않는다지만, 조혜련의 골룸 분장은 신선한 충격 이상이었다. 개인적인 생각이지만 조혜련의 활약은 여자 개그맨들의 가능성을 한 단계 확장시켰다고 본다. 그녀의 파격 분장은 두고두고 화제가 되었고, 그 뒤를 이어 '분장실의 강 선생'이란 걸작 코너가 탄생하기도 했다.

사실 개그맨이란 직업은 부침도 심하고 배우나 가수처럼 인기를 오래 유지하기 힘든 편이다. 그런데도 많은 젊은이들이 개그맨의 길을 걷기 위해 비지땀을 흘리며 노력한다. 이들에게 왜 힘든 개그맨이 되려느냐고 물으면 그들은 모두 이렇게 대답한다.

"그냥 다른 사람들을 웃겨주는 게 너무 즐거워서요."

너무 가식적인 대답 같은가. 절대 아니다. 이들은 진심으로 남을 웃겨주는 걸 좋아한다. 이들에게는 이것이 사람과 소통하고 사람을 사랑하는 방식이다. 그래서 사람들이 아무리 '웃기는 사람'으로 봐도, 그저 사람들이 웃어주면 그것만으로 행복해 한다.

### ■ ■ ■ ■ 여자들이 싫어하는 여자

10대 : 예쁜데 공부도 잘 하는 여자

20대 : 성형수술 했는데 티도 안 나고 예쁜 여자

30대 : 결혼 전에 오만 짓 다하고 신나게 놀았는데 시집가서 잘 사는 여자

40대 : 골프치고 놀 거 다 놀고 쏘다니는데 자식들이 대학 척척 붙는 여자

50대 : 먹어도 먹어도 살 안찌는 여자

60대 : 건강복도 타고 났는데 돈복도 타고난 여자

70대 : 자식들도 효도만 하는데 서방까지 멀쩡하게 살아 호강 하는 여자

80대 : 아직도 살아 있는 여자

## ■■■ 편안한 사람이 바로 당신이길

함께 있을 때 설레는 사람보다는 편해지는 사람이 좋고

손을 잡으면 손이 따뜻해지기보다는

마음이 따뜻해져 오는 사람이 좋고

밥을 먹으면 신경 쓰이는 사람보다

함께일 때 평소보다 더 많이 먹을 수 있는 사람이 좋고

문자가 오면 혹시나 그 사람일까 기대되는 사람보다는

당연히 그 사람이겠지! 싶은 사람이 좋고

걱정해줄 때 늘 말로만 아껴주고 걱정해주는 사람보다는

오직 행동 하나로 묵묵히 보여주는 사람이 좋고

친구들 앞에서 나를 내세워 만족스러워하는 사람보다는

나로 인해 행복하다고 쑥스럽게 말해주는 사람이 좋고

술을 마시고 전화하면 괜찮냐고 걱정해주는 사람보다는

다짜고짜 어디냐고 물어보는 사람이 좋고

첫눈이 오면 전화로 첫눈이 왔다며 알려주는 사람보다는

"지금 나와 집 앞이다" 이 한마디로 보여주는 사람이 좋고

내가 화났을 땐 자존심 세우면서 먼저 연락할 때까지 기다리는

사람보단다신

서로 싸우지 말자고 날 타이를 수 있는 사람이 좋고

전화 통화를 하면 조금은 어색한 침묵과 함께 목소릴 가다듬어

야 하는 사람보다는

자다 일어난 목소리로 하루 일과를 쫑알쫑알 얘기할 수 있는 사

람이 좋고

감동 줄 때는 늘 화려한 이벤트로 내 눈물 쏙 빼가는 사람보다

는 아무 말 없이 집 앞에서 날 기다려서 마음 따뜻하게 만드는

사람이 좋고

서로의 마음에 사랑이라는 일시적인 감정보다

사랑에 믿음이 더해진 영원한 감정을 공유할 수 있는 사람이

좋고

아직은 서로 알아가고 있는 낯선 사람보다는 이미 익숙해서 편

한 사람이 좋고

내 옆에 없을 때 곧 죽을 것 같은 사람보다는 그 사람 빈자리가

크게 느껴져서 마음이 허전해지는 사람이 좋다.


## 약점도 유머를 통하면 당당함이 된다

신임 대표이사로 취임한 어떤 대머리 사장님이 직원들과의 첫 대면에서 이렇게 자기소개를 했다.

"나이를 먹다보니 제가 대한조명협회 이사가 됐습니다. 잘 부탁드립니다."

이 말 한 마디에 온 직원들이 킥킥거리며 신임 사장에 대한 경계심을 풀어버렸다고 한다. 이렇게 자신의 콤플렉스를 당당하게 내보이면, 상대방도 그것을 자연스럽게 받아들이고 호감과 신뢰를 가지

게 된다.

미국 대통령 중에서 가장 뛰어난 연설가로 꼽히는 레이건 전 대통령도 자기 약점을 소재로 한 유머에 능한 사람이었다. 한번은 그가 이런 말로 연설을 시작했다.

"제가 어떻게 대통령이 될 수 있었는지 그 비밀을 이 자리에 밝혀 드리겠습니다. 사실 저한테는 아홉 가지의 재능이 있습니다. 첫 번째 재능은 한 번 들은 것은 절대 잊지 않는 탁월한 기억력입니다. 그리고 두 번째는…. 에… 그러니까, 그게 뭐였더라?"

레이건 대통령이 어깨를 으쓱하자 연설회장은 박장대소로 가득 찼다. 그간 레이건은 다른 후보들보다 나이가 많다는 이유로 수많은 정치적 공격을 당해왔다. 그럼에도 서서히 나빠지는 기억력을 숨기려고 하기보다는 유머러스한 방법으로 이를 대중에게 공개했다. 또한 청중들도 그의 솔직함과 용기에 박수와 웃음으로 화답했다.

물론 한 나라의 대통령으로서 자기 결점을 공개하는 게 어려운 일일 수도 있다. 하지만 웃음은 심지어 체면조차도 초월하는 명약이다. 내 한 마디에 모두가 즐거울 수 있다면 사실 잠깐 망가지는 게 뭐 대수겠는가.

## 유치원 동기

할머니가 6살짜리 손자에게 색깔을 가르쳐주고 있다.

"아가야, 구름은 무슨 색이지?"

"하얀색이요."

"그럼 저 하늘은 무슨 색일까?"

"파란색이요."

할머니는 손자의 대답에 흡족해 하며 마지막으로 물었다.

"그럼 저 꽃은 무슨 색깔일까?"

그러자 손자가 지겹다는 듯이 말했다.

"할머니, 저에게 계속 물어보지 말고, 모르겠으면 할머니도 유
치원 가서 배우세요. 금방 배울 수 있어요. 쉬워요."


## 해고 이유

골프장에서 함께 일했던 두 캐디가 길거리에서 우연히 만났다.

"너 아직도 그 골프장에서 캐디로 일하고 있니?"

"아니, 해고당했어."

"왜?"

"손님 몰래 조용히 웃는 법을 도저히 배울 수 없어서…."

# 03

# 유머는 필수비타민이다

## 생각의 85%는 쓸데없는 생각이다

미국의 한 심리학자의 연구에 의하면 인간은 하루에 5만 가지에서 6만 가지의 생각을 한다고 한다. 그런데 놀라운 건 이 중에 긍정적인 생각은 15%에 불과하고, 나머지 85%는 부정적인 생각이라고한다. 이 연구 결과를 보고 나자 '생각 많이 하는 게 진짜 인생에 도움이 되나?' 하는 의문이 들지 않을 수 없었다.

인생살이라는 게 원래 문젯거리를 해결해가는 과정이다. 부자건가난뱅이건, 지위가 높건 낮건, 유명인사건 평범한 사람이건, 지구상의 모든 인간들이 저마다의 고민거리들을 안고 살아간다. 오죽하면 걱정거리가 없는 게 걱정이라고 하겠는가. 그런데 그렇게 걱정한다고 문제가 해결될까? 그건 또 아니다. 걱정거리가 많은 사람들은 문제 해결보다는 걱정 그 자체에 매달려 있는 경우가 많다.

중요한 건 생각의 초점을 걱정 같은 부정적인 부분에 맞출 것인가, 아니면 긍정적인 부분에 맞출 것인가이다. 우리 마음은 어떤 상황을 어떻게 받아들이느냐에 따라 달라지게 마련이다. 이미 일어난 일을 걱정거리로만 볼 것인가, 문제 해결의 시작으로 볼 것인가, 비관적으로 볼 것인가 낙관적으로 볼 것인가에 따라 마음이 지옥이 될 수도 있고 천당이 될 수도 있다. 즉, 인생의 행복은 외부로부터 오는 게 아니라 그것을 받아들이는 내부의 문제인 셈이다.

이 때문에 지혜로운 사람들은 자신의 생각이 부정적으로 흘러가도록 내버려두지 않는다. 어떤 문제가 생길 때마다 맞서 싸우거나 피하는 대신, 그것을 가볍게 만들고 긍정적으로 바라보고 차근차근 해결하려고 든다. 거기에 필요한 것이 바로 유머다. 몸의 활력을 위해 비타민을 먹듯이 유머는 우리 정신의 활력을 높이고 저항력을 길러주는 정신의 비타민이다.

그렇다면 이 유머라는 비타민은 우리 정신에 어떻게 작용할까?

## 유머는 심각한 상황도 가볍게 만들어준다

죽고 싶은가? 그렇다면 다음을 잘 외워서 필요할 때 꼭 써먹기 바란다.

## * 효과적으로 자살하는 방법

1단계 : 온종일 쫄쫄 굶는다. 아마 배고파서 죽을 것이다.

2단계 : 온갖 산해진미를 잔뜩 쌓아놓고 온종일 닥치는 대로 먹어라. 그러면 배 터져 죽을 수 있다.

3단계 : 두 가지 다 안 맞거나 적절한 방법을 못 찾았다면 온종일 아무것도 안 하고 누워 있어라. 아마 심심해서 죽을 것이다.

4단계 : 아직도 못 죽었는가? 그러면 아주 고된 일에 미친 듯이 매달려라. 아마 힘들어서 죽을 것이다.

5단계 : 아직도 못 죽었다면 벌거벗고 거리로 뛰쳐나간 뒤 마구 춤을 추어라. 아마 쪽팔려서 죽게 될 것이다.

6단계 : 그러고도 살아 있다면, 아마 당신은 이 세상에서 필요한 사람이기 때문일 것이다. 위의 것을 다시 한 번 반복하든지, 아니면, 그냥 살아라! 힘들어 죽겠지? ㅋㅋ

어떤가? 6단계까지 읽다보면 자살이 우습고 바보 같은 짓이라는 성각이 들 것이다. 이렇게 피식 피식 웃다 보니 죽고 싶은 마음도 사라졌을 것이다. 이처럼 조금만 비틀어 보면 탈출구는 언제나 있게 마련이다. 자살을 생각하는 사람들은 대부분 심한 우울증과 좌절감에 시달린다. 그러다가 그 우울과 좌절이 깊어지면서 삶에 대한 저항력이 완전히 떨어져 죽음을 택하게 되는 것이다. 통계에 의하면 우리나라에서 자살을 시도하는 사람은 매해 30만여 명이고, 그중에서 진짜로 죽는 사람이 1만 3천여 명이라고 한다. 특히 20~30대 젊은 층의 자살률이 굉장히 높은 편이다. 특히 요즘은 심각한 경제난 때문에 경제적인 문제로 자살하는 비율이 점점 높아지고 있다고 하니 참으로 안타까운 죽음들이다.

물론 이 모두에게는 그럴 만한 절박한 이유와 사연이 있었을 것이다. 하지만 살면서 죽고 싶다는 생각 한 번 안 해본 사람이 있을까? 다만 그런 마음이 들어도 그 순간을 눈 딱 감고 넘기는 것이다. 왜냐면 이 힘든 순간도 곧 지나갈 것이며, 지금은 힘들어도 곧 좋은 날이 올 것이라는 진리를 믿기 때문이다.

### ■■■ 골프 주기도문

티샷은 70%의 힘만 사용하게 하는 지혜를 주시옵고, 아이언은 간결하게 채를 떨어뜨릴 수 있게 힘을 뺄 수 있는 용기를 주소서.

OB나 쪼로에도 위축되지 않으며 대자연 속에서 본전이나 건질 수 있음을 영광으로 여기는 골퍼가 되게 해주시고, 내 샷은 요행의 길로 상대의 샷은 개골창이나 연못으로 인도하여 주옵소서.

러프와 디벗 자국에서는 거리는 안 나도 똑바로 나가는 볼이 되게 해주시고, 최악의 스코어에도 동반자의 실수로 이기는 골퍼가 되게 해주소서.

상대의 배드샷을 꿈꾸게 하고, OB로 몸부림치는 상대를 달랠 수 있는 기회를 주소서.

자기 거리를 모르면서 나무나 물 건너 그린을 보고 볼을 치려는 상대방이 유혹에서 절대 벗어나지 말게 해주시고, 비기너에게 함부로 레슨하는 우를 범하지 않기를 바라오며, 이런 마음 이런 기도를 상대방에게 드러내지 않고 할 수 있게끔 내숭과 겸손함을 함께 주시옵소서. 버디~!


## 유머는 사회적 수명을 길게 해준다.

스트레스를 푸는 방법은 사람마다 다르다. 어떤 사람은 운동으로 풀고, 어떤 사람은 술로 푼다. 잠을 자는 사람도 있고, 일부러 힘든 집안일을 하기도 하고, 어떤 사람은 수학책 같이 골치 아픈 책을 읽기도 한다. 그런데 이 모든 스트레스 해소법 중에 가장 간단하고 효과 100%인 방법이 있다. 모두 예상하시겠지만, 바로 유머다.

미국의 위대한 대통령 링컨은 "만일 내가 웃지 않았다면 나는 이미 죽은 지 오래 되었을 것이다"라고 말했다. 링컨처럼 파란만장한 인생을 산 사나이도 유머와 웃음으로 그 힘든 순간을 이겨낸다는 것이다. 이처럼 세계의 위인들 중에는 힘든 역경에 부딪쳤을 때 유머한 마디로 그 순간을 슬기롭게 넘긴 이들이 많다. 그중에서 이성계의 조롱을 유머러스하게 받아넘긴 무학대사의 일화를 소개하겠다.

태조 이성계가 신하들을 모아놓고 큰 잔치를 벌였다. 그 잔치에 참석한 무학대사를 본 이성계는 장난기가 발동해서 오늘은 군신 관계를 떠나 흉금을 터놓고 마음껏 먹고 마시며 놀자고 청했다. 그리고는 무학대사에게 "당신은 꼭 돼지 같군" 하고 짓궂은 농담을 던졌다. 그러자 무학대사는 "군왕께서는 어딜 봐도 성인군자이십니다"라고 답했다. 그 말을 들은 이태조는 못마땅해 했다.

"아니, 대사. 오늘은 흉금 없이 놀자고 당부했건만, 무슨 대답이 그렇소."

그러자 무학대사는 입가에 잔잔한 미소를 짓고 이렇게 말했다.

"원래 돼지 눈에는 돼지만 보이고, 군자의 눈에는 군자만 보이는 법입니다."

순간 잔치에 참석한 사람들이 웃음을 터뜨렸다. 이성계는 조금 기분이 상했지만 무학대사의 재치에 감탄할 수밖에 없었다.

화낼 때마다 줄어드는 건 몸의 수명뿐만이 아니다. 화를 잘 내는 사람은 누구도 좋아하지 않으니 자연스레 사회적 수명도 줄어들 수밖에 없다. 그런데 유머형 인간들은 다르다. 그들은 화를 유머도 풀고, 오히려 웃는 얼굴로 자신의 욕구와 의견을 발산한다.

이제부터 화가 나거나 기분이 상하면 유머라는 방패를 써보자. 유머는 '화' 라는 괴물 앞에서 자신을 가장 안전하게 보호할 수 있는 훌륭한 방패다. 언제 어디서나 유머를 겸비할 수 있는 마음의 여유를 가진 사람은 화 때문에 자신의 소중한 것을 잃어버리는 우를 범하지 않을 수 있다.

### ■■■ 사자성어 유머

설상가상 : 낮에 돈도 못 버는 주제에 밤에 체력도 딸린다.
천만다행 : 돈은 벌지 못하나 체력은 좋다.
유명무실 : 돈은 많이 벌어 오는데 체력까지 약하다.
금상첨화 : 돈도 많이 벌어오고 체력도 좋다.
부전자전 : 아버지가 전씨면 아들도 전씨
원앙부부 : 원한과 앙심이 많은 부부
유비무환 : 비가 오는 날은 환자가 없다.
주차금지 : 술과 차는 먹지 마세요.
중과부적 : 중이 과부 맛을 알면 적수가 없다.

만사형통 : 모든 것은 형을 통해야 해결할 수 있다.

고진감래 : 고생을 진탕하면 감기가 온다.

갑신정변 : 갑자기 신 것을 먹으면 변이 나온다.

개인지도 : 개가 사람을 가르친다.

남녀평등 : 남자나 여자나 등이 평평하다.

남존여비 : 남자가 존재하는 한 여자는 비참하다.


## 웃음은 목숨도 구해준다

총기를 허용하는 미국에서는 총기 강도 사건이 심심찮게 발생한다. 특히 슈퍼마켓에서 이런 사건이 자주 벌어지는데, 전국 교도소에 수감되어 있는 슈퍼마켓 강도들 수를 모두 합하면 수만 명을 훌쩍 넘는다고 한다. 이 총기 강도들을 대상으로 "슈퍼마켓을 털 각오를 했는데 막상 실행하지 못한 경우가 있다면 왜 그랬는가?"라는 설문조사를 한 적이 있다. 95%가 그런 적이 있다고 답했는데, 그 이유가 종업원의 친절한 미소 때문이었다고 한다.

"종업원이 눈을 맞추고 웃으면서 인사하면 도저히 양심에 찔려서 흉기로 위협할 수 없었습니다."

웃는 얼굴에 침 못 뱉는다는 말이 있다. 아무리 흉악무도한 강도라도 상대가 웃는 얼굴로 대하면 강도짓을 할 마음이 사라진다는 것이다. 웃는 얼굴을 보고 자신도 모르게 상대에게 친밀감과 미안함을 느끼기 때문이다. 그리고 다음 질문에는 반대의 경우를 물었다.

"흉기로 종업원에게 상해를 입히거나 살인까지 저지른 경우는 언제인가?"

이 질문에 강도들의 90%는 "안으로 들어갔는데 종업원이 아는 체도 하지 않고 무시했을 때입니다"라고 답했다.

이처럼 유머의 힘은 목숨을 구할 만큼 위대하다. 앞으로 집에 강도가 들면 "도둑이야!" 소리치는 대신 친절하게 웃으면서 "기다리고 있었습니다. 어서 오세요"라고 말해보자. 그러면 강도가 양심에 찔려 그냥 갈 수도 있지 않겠는가. 아님 양심에 찔려 죽을 수도 있고. ㅋㅋ

# 04

# 유머는 학습으로 완성된다

사람들은 유머 재능은 타고난다고 생각한다. 단호히 말하건대, 이런 생각은 편견이다. 재밌는 걸 보면 자연스럽게 웃음이 나오는 것처럼, 우리는 남을 웃길 줄 아는 유전자도 함께 가지고 태어난다. 단지 그것을 적극적으로 계발시키느냐 마느냐의 차이일 뿐이다.

훌륭한 코미디언과 개그맨들은 그냥 만들어진 게 아니다. 고 이주일 선생님처럼 외모만으로도 남을 웃기는 분도 다양한 코미디를 계발하기 위해 늘 연구하고 연습하셨다. 그야말로 목숨 걸고 무대에 올랐다. 그 외에 다른 많은 코미디언들과 개그맨들도 무대 밑에서 남을 웃기기 위해 항상 연구하고 실험하고 연습한다. 설령 조금 더 훌륭한 유머 유전자를 가지고 태어났다 한들, 만일 이들이 이런 노력을 하지 않았다면 금방 도태되었을 것이다. 그러므로 일반인도 노력만 하면 얼마든지 유머를 구사할 수 있다.


### ■■■ 재미있는 가게 이름

-내가사케(퓨전일식집)

-오늘은 자장 내일은 짬뽕(중화요리)

-속풀고 버섯네(음식점)

-찜하고 회뜰날(횟집)

-광어생각(횟집)

-저 돼지예요(삼겹살 전문)

-돈내고 돈먹기(돼지갈비집)

-잔비어스(호프)

-누렁이도 찰스로(애견샵)

-드가장 여관(여관)

-회밀리가 떳다(횟집)

-오마이갓 돌산갓 김치(김치 판매점)

-추적 60병(호프)


## 유머 학습 5단계 배워보기

요즘  영어 열풍이 대단하다. 수많은 학원들이 단기간에 영어 실력을 향상시켜주겠다고 광고한다. 하지만 외국어라는 건 단기간에 완성되는 것이 아니다. 학원이 길잡이는 될 수 있겠지만, 영어가 입에서 자연스럽게 나오려면 수업 외에도 혼자서 끊임없이 반복해서 연습하고 공부해야 한다.

유머도 마찬가지다. 훌륭한 유머리스트는 다양한 연습과 부단한 노력을 통해서 만들어진다. 자연스럽게 유머를 구사하기 위해서는 다음의 5단계가 꼭 필요하다.


### 1단계 : 왜 유머가 필요한지를 알아라

먼저 내게 왜 유머가 필요한지 그 이유를 알아야 한다. 사람은 자기에게 꼭 필요한 것에는 관심을 가지고 적극적이 될 수밖에 없다. 따라서 "내 삶에 왜 유머가 필요하지?" 자신에게 물어보고 그 이유를 종이에 차근차근 적어보는 게 좋다. 예를 들어,

좋은 침대에서 자는 것보다

좋은 베개를 갖는 것보다

좋은 생각을 하면서 자는 것이 더 편안한 잠자리를 보장합니다.

웃어보세요. 자기 전에 흐-흐-홍~!

웃음은 행복한 잠자리를 보장하는 과학입니다.


### 2단계 : 즐겁게 익혀라

유머가 필요한 이유를 알았다면, 이제는 흥미를 돋워야 한다. 뜻이 있는 곳에 길이 있기 마련이다. 유머의 필요성을 인식하게 되면, 그 다음은 유머 실력을 배가시킬 수 있는 다양한 방법들이 눈어 들어오게 된다.

요즘 예능 프로그램들이 대세다. 꼭 코미디 프로그램이 아니더라도 시청자들의 웃음을 터지게 만들려고 온갖 궁리와 방법을 동원한 프로그램들이 계속 쏟아져 나온다. 유머를 배우려는 사람이라면 이런 프로그램을 박수 치고 마냥 즐기면서 보면 안 된다. 어떤 유더가 재밌는지, 어느 부분에서 사람들의 웃음이 빵 터지는지 유심히 살펴야 한다. 좋은 유머가 있으면 노트에 적어보고, 개그맨이 말한 대로 따라서 해보는 적극성도 필요하다. 일요일에 하는 개그콘서트를 권해드리고 싶다.

### ■■■ 사장의 유머

한 회사 사장이 출근해서 오늘 들은 유머를 직원들 앞에서 얘기했다. 그러자 모든 사원이 오바하며 배꼽을 잡고 큰소리로 웃었다. 그러나 한 여사원은 전혀 웃지 않고 있었다. 사장이 궁금해서 물었다.

"자네는 왜 웃지 않나?"

"전 이제 웃을 필요가 없어졌어요."

"그게 무슨 말인가?"

"저 내일 회사 그만 두거든요."

### 3단계 : 자신만의 유머색깔을 찾아라

아무리 재밌는 유머도 국어책 읽듯 줄줄 읽으면 절대로 상대를 웃길 수 없다. 그 유머가 몸에 붙어서 자연스럽게 나오려면 완전히 자기 것으로 만들어야 한다. 그러므로 학습하고 배운 유머들을 나만의 화법과 결합시켜서 자연스럽게 만들어야 한다.

개그맨들은 각자의 재치를 다른 방식으로 보여준다. 어떤 사람은 순간순간의 위트를, 어떤 사람은 툭툭 던지는 유머를 사용한다. 어떤 사람은 솔직함을 무기로 삼고, 어떤 사람은 비틀어 말하는 풍자에 강하다. 이처럼 유머도 각자의 색깔이 있다. 자신만의 색깔을 찾으려면 다양한 유머를 실험해보고 자신에게 어울리는 스타일을 찾아야 한다. 그리고 몸에 붙도록 꾸준히 연습해야 한다.

### ■■■ 북한이 남한을 넘어오지 못하는 5가지 이유

1. 거리에서 총알택시가 너무 많다!
2. 골목마다 대포 집이 너무 많다!
3. 간판에는 부대찌개가 너무 많다!

4. 술집에서는 폭탄주가 너무 많다!

5. 대부분의 가정이 핵가족으로 무장되어 있다!


### ■■■ 로또와 골프의 공통점

기대감으로 시작하고 아쉬움으로 끝맺는다.

내가 1등이 안 되면 다음 판으로 넘어가서 배판이 되길 은근히

기대한다.

하는 날을 기다리며 설레고, 흐뭇해 한다.

공이 설 때까지 숨 죽여 쳐다본다.

욕심이 앞서면 힘들어지고, 마음을 비우고 하면 즐길 수 있다.

대개 여자들이 공을 건네준다.

끝나고 나면 종이쪽지만 남는다.


**4단계 : 스스로 잘 웃는 사람이 되어라**

상대방을 웃게 만드는 가장 좋은 방법은 내가 먼저 웃는 것이다. 잘 웃지 않는 사람은 상대도 웃게 만들 수 없다. 그러므로 유머를 잘 하려면 웃는 시간을 많이 가져야 한다. 웃음소리가 듣기 좋고, 웃는 얼굴이 보기 좋은 사람을 목표로 웃는 연습을 해보자.

■ ■ ■ **선생님은 몰라요!**

선생님이 초등학교 1학년 아이에게 물었다.

"네가 천 원을 가지고 있는데, 아빠에게 천 원을 더 달라고 하면 너는 얼마를 가지게 되니?"

그러자 아이가 대답했다. "천 원이요."

선생님은 걱정스러운 표정으로 말했다.

"너는 수학을 잘 못하는구나."

그러자 아이가 한숨을 쉬며 말했다.

"선생님은 저희 아빠를 잘 모르시는군요!"


## 5단계 : 유머 기술을 꾸준히 익혀라

유머력을 향상시키려면, 웃음과 유머에 자신을 길들일 수 있는 다양한 방식과 환경을 만들어야 한다. 아래에 소개한 방법들은 유머 기술을 향상시키는 데 도움이 되는 필수 항목이다.


- 온통 집에다 '하!하!하!' 웃는 소리를 써서 붙여둔다. 책상 위, 침대, 화장실, 식탁 등등

- 포복절도하며 웃었던 상황들을 자주 떠올려보고 기억나는 것을 적어둔다.

- 하루에 세 번 남을 웃기겠다고 다짐하고 실천한다.

- 재미있는 유머집을 들고 다니면서 틈틈이 본다.

- 주변을 둘러보고 유머거리가 될 만한 것들을 찾아낸다.

- 상대방의 재미있는 이야기를 경청하며 나부터 즐겁게 웃어본다.

- 자기가 들은 유머를 남들에게 전달해본다.

- 이야기를 재밌게 하는 방법을 연구하고 연습해본다.

## 한문도 배우고 유머도 배우고!

始發奴無色旗 (시발노무색기) : 始 : 시작할 시 發 : 발할 발 奴 : 노예 노 無 : 없을 무 色 : 색 색 旗 : 깃발 기 - 잘 모르는 일에 혼자 나서서 행동하다 다른 이에게 피해를 입히는 사람을 일컫는 말

施罰勞馬 (시벌로마) : 施 : 행할 시 罰 : 죄 벌 勞 : 일할 로 馬 : 말 마 走 : 열심히 일하는 부하직원을 못 잡아먹어 안달인 직장상사들에게 하는 말

足家之馬(족가지마) : 足 : 발 족 家 : 집 가 之 : 갈 지 馬 : 말 마 - 자기 주제도 모르고 남의 일에 참견하거나 분수에 맞지 않는 행동을 하는 사람에게 흔히 하는 말.
파생어 - 足家苦人內(족가고인내) : 옛날 족씨 가문의 큰아들이 집안에서 죽는 것에서 비롯함. 「주의 - 이 고사성어를 빨리

발음하지 마시오!!!」


趙溫馬亂色氣 (조온마난색기) : 趙 : 나라 조 溫 : 따뜻할 온
馬 : 말 마 亂 : 어지러울 난 色 : 빛 색 氣 : 기운 기 - 1. 경거망
동한 사람에게 충고할 때 쓰는 말. 2. 조온마의 키가 매우 작았
으므로 작은 사람을 일컫는 말로 쓰이기도 한다.


現月新火(현월신화) : 현대백화점은 월요일에 쉬고 신세계백
화점은 화요일에 쉰다.


十中五高(십중오고) : 10일 날은 중학교, 5일 날은 고등학교 동창
회 하는 날.


晝茶夜事(주다야사) : 주간에는 다방에서 일하고 야간에는 싸
롱에서 일한다.

# 제6장

# 마음의 문을 열어주는
# 유머의 테크닉

_숫자를 셀 때 우리는 늘 하나부터 시작한다. 하지만 처음은 늘 0부터
 시작한다.
_귀담아 듣는 것은 지혜를 가져다주고, 지껄이는 것은 후회를 가져다
 준다.


• 매일 맑은 날만 계속된다면 이 세상은 사막이 되었을 것이다. - 김제동
• 일이 없으면 혼자 있지 말라. 혼자 있거든 할 일을 찾아라. -새뮤엘 존슨
• 뭔가를 배울 수 있는 실수들은 가능하면 일찍 저질러 보는 것이 이득이다.
  - 윈스턴 처칠
• 누군가가 어떤 일을 할 수 있느냐고 물으면 그 자리에서 할 수 있다고
 답하라. 그리곤 그 일을 어떻게 할 수 있는지 알아내려 최선을 다하라.
  --테오도 루즈벨트
• 세상에서 가장 장엄한 광경은 불리한 역경과 싸우고 있는 인간의
 모습이다. - 김제동
• 염려라는 것은 흔들의자와 같아서, 뭔가 일거리는 줄 지 몰라도 아무
 곳에도 도달하지 못한다. - 도로시 갤리언
• 내가 오르는 길이 아무리 험난한 길일지라도 이 길이 절벽이 아니기에
 나는 이 길을 헤쳐나갈 수 있다. - 아브라함 링컨
• 미래는 많은 이름들을 갖고 있다. 약한 자에게는 도달할 수 없는 것이고,
 두려워하는 자에게는 알려지지 않는 것이며, 용감한 자에게는 기회이다.
 - 빅토르 위고

## 01

# 유머는 선택이다

내 고등학교 동창 중에 중견 회사의 관리직으로 일하는 친구가 있다. 하루는 이 친구가 심각한 얼굴로 찾아와서 직원들과 소통이 간 돼서 힘들다는 고민을 털어놓았다. 점심시간에 직원들과 함께 밥을 먹을 때 상사인 자기가 묵묵히 밥만 먹으니 부하직원들도 조용히 밥만 먹는다는 것이다. 점심시간이 마치 벌 서는 시간처럼 너무 힘들어서 차라리 혼자 먹고 싶어도 그러면 왠지 서로가 불편해질 것 같고 다른 부서에서도 이상하게 여길 것 같아서 고민이라고 했다.

내 친구는 이 문제를 해결하기 위한 방법으로 유머를 선택했다. 내게서 빌려간 유머 책들을 열심히 읽고 남몰래 유머 강습도 들었다. 그러고 나서 몇 개월 뒤에 만난 친구의 모습은 이전과 달라져 있었다. 몇 개월 노력했다고 50년 넘은 습관을 다 바꿀 수는 없겠지만, 확실히 얼굴 표정이 밝고 부드러워졌다.

"쑥스럽다는 생각을 버리니까 편해지더라고. 용기를 내서 다른 사람에게 다가가니까 자연스럽게 농담도 나오고. 아직 멀었지만 앞으로 더 노력해볼 생각이야."

친구는 자신에게 유머가 왜 필요한지, 유머를 통해 무엇을 바꾸고자 하는지를 명확히 알았기 때문에 도중에 포기하지 않을 수 있었다. 그리고 지금은 유머를 통해 주위 사람과 대화하고 소통하면서 함께 살아갈 수 있다는 희망을 얻었다. 유머가 그의 삶을 변화시킨 것이다.

40, 50대 외로운 가장들이여! 멋진 유머리스트가 되어보기를 적극 권한다. 체면과 습성의 울타리에만 갇혀 있으면 외로워질 뿐이다. 자신을 바꾸기 위해 조금만 용기를 내면 인생이 달라진다. 앞으로 우리가 살아갈 시간이 아직도 많이 남지 않았는가.

### 멘토의 조언 – 직원과 친구 되기

*매일같이 직원들에게 친구 같은 직원들이 되게 해달라는 주문을 건다.

*부모나 학교 다닐 때 스승의 이미지를 표현한다.

*직원들의 의견을 경청하고 충분히 위임한다.

*직원들이 회사를 부흥시키는 상상을 한다.

*직원들이 열심히 일하여 최고의 전문가가 되어 좋은 대우를 받기를 원한다.

*잘하는 직원들을 보면 자신의 꿈이 이루어지고 있다는 암시를 표현해 준다.

*능력이 부족한 직원을 보면 잘 할 수 있을 거라는 확신을 준다.

*매일같이 직원들을 격려한다.


### ■ ■ ■ ■ 싹다 커피

힘깨나 쓰는 5명의 어깨들이 커피숍에 들어왔다. 무엇을 주문하겠느냐는 종업원의 물음에 "커피! 커피! 커피! 커피! 싹다커피!"를 외쳤다.

당황한 종업원 "손님, 죄송하지만 저희 매장에서는 싹다커피는 안 파는데요." '싹다' 는 전부라는 뜻의 전라도 사투리임


### ■ ■ ■ ■ 주식투자와 결혼의 공통점

희망찬 기대를 가지고 시작한다.

해도 후회하고 안 해도 후회한다.

결과를 누구도 예측할 수 없다.

겨우 하나를 고르고 나면 그때부터 단점이 보이기 시작한다.

자기는 이미 하고서 남에게는 절대로 하지 말라고 한다.

## ■■■ 거지와 교수의 공통점

출퇴근이 일정하지 않다.
뭔가를 들고 다닌다.(깡통과 가방)
되기는 어렵지만 일단 되고 나면 쉽다.
작년에 한 말 또 한다.


## ■■■ 처의 종류

악을 고래고래 잘 지르면? - 악처
현모가 두 여자를 거느리면?- 현모양처
아침마다 요강을 비우면? - 조강지처
지금 매우 지쳐 있으면? - 현지처
세종로나 과천 성사에 가면?  - 부처
사는 곳을 잘 모르면?- 모처
가까이에 살고 있으면?- 근처
예측하지 못해 탄식하면? - 미처
그림 솜씨가 좋으면? - 커리커처
약간 찰과상을 입으면?- 일부다처
야구장에서 마스크를 쓰면?- 케처
사업으로 서로 돈을 벌면? - 거래처
민주국가에서 결혼하면? - 일부일처

# 02

# 어느 장소나 어떤 모임에나 다 통하는 유머는 없다

세상만사 다 적당한 때와 장소가 있듯이 유머 또한 때와 장소를 가려야 한다. 아예 유머를 사용하지 말아야 할 때도 있다. 아무리 좋은 일도 목적과 상황이 맞아야 빛을 발하듯이 유머도 시의적절함이 생명이다. '어느 장소나 어떤 모임에나 다 통하는 유머는 없다'는 말처럼 시기와 장소에 따라 유머도 달라져야 하는 것이다.

예를 들어 비즈니스에서 써먹을 수 있는 유머가 있고, 직장에서 써먹을 수 있는 유머, 가정에서 써먹을 수 있는 유머, 친구끼리 할 수 있는 유머, 병문안 갔을 때 쓸 수 있는 유머가 다 따로 있다. 또한 발랄한 유머도 있고, 진중한 유머가 있고, 대중을 대상으로 하는 유머와 개인을 대상으로 하는 유머가 있다. 또한 엉뚱한 유머와 날카로운 유머가 있고, 쉬운 유머와 어려운 유머도 있다. 이럴 시 때와 장소, 목적과 상황에 맞는 유머를 구사하는 것이 좋은 유머리스트의 기본 조건이다. 그렇다면 유머가 가장 필요한 때와 장소는 어디일까?

## 유머가 확실한 효과를 발휘하는 장소

밥 로스는 "유머감각을 키우는 데는 돈이 들지 않지만, 유머감각이 없으면 손해를 본다"고 말했다.

협상의 자리를 보자. 이곳은 말 한 마디에 돈 단위가 달라지고 매출액이 달라지는 곳, 숨소리조차 계산할 정도로 칼날 같은 긴장감이 감도는 곳이다. 그래서 이런 자리에는 아무나 내보내지 않는다. 예전엔 포커페이스라고 불리는 사람들이 주로 협상 자리에 나갔다. 어떤 돌발 상황이 벌어져도 절대로 동요하거나 당황한 모습을 보이지 않기 위해서다.

그러나 요즘은 포커페이스에 강한 사람보다 유머러스한 사람을 협상 자리에 내보낸다고 한다. 긴장된 분위기를 유머로 부드럽게 풀어주고, 돌발 상황이 일어나면 유머로 재치 있게 넘길 수 있기 때문이다. 특히 유머로 대화를 시작하면 얼굴 표정이 풀리고 긴장된 마음이 느긋해져서 더욱 쉽게 협상을 이끌 수 있다. 이런 자리에 어울리는 유머 몇 개를 소개하겠다.

### - 공짜입니다

어느 집 주인이 매일 자신의 집 담벼락에 너무 많은 자전거가 세워져 있자, 고민 끝에 자전거를 세워 놓지 말라는 경고문을 붙였다. 하지만 별 소용이 없었다. 부탁의 글을 써보기도 하고 협박의 글도 써보았지만 소용이 없었다. 궁리 끝에 집주인은 기발한 아이디어를 내놓았다. 그 후로 자전거는 모두 자취를 감추었다.

"여기 세워진 자전거는 모두 공짜입니다. 마음대로 가져가세요. 열쇠를 부수고 가져가셔도 됩니다."


### - 매일같이 공짜!

어떤 냉면집에 항상 이런 팻말이 걸려 있다.

'내일은 공짜!'

자고 나면 또 내일인데 대체 언제 공짜냐고?


### - 자! 이제야 빚을 갚네!

변호사 둘이 은행에 있는데 갑자기 무장 강도가 침입했다. 강도들은 은행원들로부터 돈을 빼앗고 나자, 변호사를 포함한 고객들까지 벽에 나란히 세워 지갑과 반지, 시계 등을 빼앗기 시작했다. 앞의 고객들이 차례로 털리는 동안 첫 번째 변호사가 두 번째 변호사의 손에 무언가를 억지로 쥐어주었다. 두 번째 변호사는 내려다보지도 않고 속삭였다.

"이게 뭐지?"

이 질문에 첫 번째 변호사는 대답했다

"자네한테 빚졌던 50만 원이야."


**밥 로스가 말하는 유머의 3가지 원칙**

세계적인 동기부여가인 밥 로스는 〈퍼니 비즈니스(Funny Business)〉라는 저서에서 유머에 다섯 가지 효과가 있다고 썼다.

첫째, 상황극복의 효과 - 유머는 상황을 잘 극복하도록 만들어준다.

둘째, 달변의 효과 - 언어의 구조를 바꾸어준다.

셋째, 화합의 효과 - 사람간의 친밀감을 돋워준다.

넷째, 스트레스 완화의 효과 - 유머는 긴장을 완화시켜준다.

다섯째, 소통의 효과 - 사람과 사람 사이에 다리를 놓아준다.

그러나 이렇게 유용한 유머도 세 가지 원칙을 꼭 지켜야 효과적으로 발휘될 수 있다고 강조했다.

첫째는 시대의 시기적절성이다. 유머가 즐거운 분위기를 이끌어내려면 시대에 맞는지를 봐야 한다. 조선시대에나 통할 농담을 21

세기에 해서는 안 된다는 것이다. 구태의연하고 시대에 떨어지는 농담은 그 사람까지도 시대에 뒤떨어진 사람으로 보이게 만든다. 또는 지나치게 앞서가는 유머도 환영받지 못하기는 마찬가지다. 자신은 첨단 유머라고 하지만 사람들이 이해하지 못해서 공감을 얻지 못하는 경우도 종종 생긴다.

둘째는 내용의 타당성이다. 그 유머가 듣는 사람들에게 타당한 내용인지를 살펴야 한다. 예를 들어 부자들이 모인 모임에서 부자들을 풍자하는 유머를 늘어놓는다면 어떻겠는가? 아마 반감만 사고 쫓겨나기 십상일 것이다. 절에 가서 예수님 찬양하고, 교회 가서 부처님의 자비를 말해봤자 아무리 좋은 말이라도 사람들의 공감을 얻지 못한다. 특히 유머는 분위기나 상황에 안 맞게 잘못 쓰면 오히려 큰 독이 된다는 걸 명심해야 한다.

셋째는 상황과 취향을 고려해야 한다. 특히 장례식장이나 심각한 위기 때나 아주 슬픈 일이 생겼을 때는 유머도 피해야 한다. 남들은 잔뜩 긴장해 있는데 분위기를 바꿔보겠다는 심산으로 유머를 구사했다간 주책 맞은 사람으로 비칠 뿐 아니라 경우 없는 사람으로 찍힐 수 있다. 또한 일본 사람들이 많은 곳에서 일본을 우스갯거리로 비하하거나, 뚱뚱한 사람 앞에서 뚱뚱한 사람을 놀리는 농담을 하는 것도 부적절하다. 되도록 상대가 처한 상황과 그 사람의 특징적인 취향 등을 고려하는 유머가 좋은 유머다.


**- 사투리 시리즈**

주댕이가 허벌하게 양글구만이라이. - 말을 잘 합니다.

아따메 껄적지근허요. - 무엇이 분명하지 않을 때

집이 아그 대그박이 겁나게 야물으요. - 아이들 머리가 참 똑똑합니다.

몽니가 심하시요. 문넘의 오기를 고로코롬 부린디야. - 고집 부립니다.

정지서 기명친다. - 부엌에서 설거지 합니다.

으메 허벌라게 좃그만이라이. - 반갑습니다.

어찌 실덕벌덕 헌디야. - 변덕이 심한 사람.

나짝이 쪼카 반반하요. - 얼굴이 참 예쁘십니다.

아그들아 씹어불고 묵어부냐? - 아이들이 말을 안 들을 때.

따따부따 증허게 씨월씨월 해싸네. - 수다스럽다.

# 03

# 유머의 기본은 경청으로 시작된다

유머 잘하는 사람들이 늘 하는 말이 있다.

"유머를 잘하는 사람들 중에는 ㅇㅇㅇ이 없어요."

여기서 ㅇㅇㅇ은 무엇일까? 바로 '사오정' 이다.

사오정은 귓구멍이 덮여 있어 남의 말을 제대로 알아듣지 못하는 만화 캐릭터로서 남의 말을 흘려듣는 사람, 말귀를 못 알아듣는 사람을 뜻한다.

유머에는 귀와 눈이 절대적으로 필요하다. 눈으로는 잘 살펴서 상황을 파악하고, 귀로는 상대의 말을 잘 들어야 한다. 내가 열심히 말하고 있는데 상대가 다른 곳을 쳐다보거나 건성으로 듣고 있다면 말하고 싶은 기분이 나겠는가?

　그런데 여기서 중요하게 짚고 넘어가야 할 부분이 있다. 왜 상대는 내 말에 관심을 보이지 않는 걸까? 대체 내가 무슨 얘기를 했기에 딴청을 피우며 건성으로 듣고 있는 걸까?

　사람들이 관심을 가지는 대화 주제는 사실 따로 있다. 대부분의 사람들은 '자신에 대한 얘기'에 가장 큰 적극성을 보이고, 다음으로 '자기가 관심 있는 것에 대한 얘기', '타인의 험담이나 그들에 대한 이야기', 마지막으로 '상대방 얘기' 순으로 대화에 관심을 가진다. 즉, 모든 사람들은 자신에 대해 얘기하는 걸 좋아하고, 또 남의 말을 듣는 것보다 자기가 말하는 걸 좋아한다는 것이다. 실제로 모임에서 보면 말하기 좋아하는 사람이 잘 들어주는 사람보다 훨씬 많다. 그만큼 남의 얘기를 잘 들어주는 사람이 드물다는 것이다.

　이는 한 가지 중요한 사실을 시사한다. 대화를 정말 잘하는 사람은 말을 잘하는 사람이 아니라 남의 말을 잘 들어주는 사람이라는 점이다. 신이 우리에게 한 개의 입과 두 개의 귀를 주신 것은 '잘 듣고 적게 말하라'는 의미다. 실로 우리는 자기 이야기를 들어주는 이에게 호감과 신뢰를 느낀다. 상대의 신뢰를 얻는 일은 열심히 떠드는 것보다 잘 들어주는 일이다. 이 때문에 비즈니스와 인간관계에 대한 수많은 성공법칙들은 자기 얘기는 적게 하고 남의 얘기를 많이 들으라고 조언하는 것이다.

상대가 재미있는 이야기를 하면 소리 내서 유쾌하게 웃어주그 관심을 가지고 듣고 있다는 표시를 해주자. "네, 그렇군요" "그런 일이 있었군요" 같은 가벼운 추임새를 곁들이면서 고개를 끄덕이거나 미소를 지음으로써 상대의 얘기에 집중하고 있다는 걸 알려라. 자기가 유머를 사용하는 게 아직은 부담스럽다면 적극적으로 웃어주는 역할을 잘하는 것도 좋은 유머가 된다. 이것만으로도 자신도 모르게 인기 있는 대화 상대자의 자리에 등극할 수 있다.

### 멘토의 조언 – 대화하는 사람 사이의 거리는 70cm가 좋다!

바른 대화와 좋은 대화는 일상에 활력을 불어 넣고 사업을 성공으로 이끌며, 신실한 우정과 화목한 가정을 약속한다. 많은 이들이 대화를 통해 상대방의 인격, 성정, 사고의 깊이와 너비를 가늠한다. 말은 마음의 옷과 같기 때문이다.

즐거운 대화를 위해선 나름의 에티켓을 지켜야 한다. 대화하는 사람 사이의 거리는 60~70cm가 이상적이다. 너무 가까이 다가가면 상대에게 불쾌감이나 위협받고 있다는 느낌을 줄 수 있다. 그 외에 일상 대화 중 염두에 두어야 할 사항에는 다음과 같은 것들이 있다.

♣ 누구든 대화에서 소외됐다는 느낌을 받게 해서는 안 된다. 즘처럼 말할 기회를 잡지 못하는 사람에게는 적절한 질문을 던져 대화

참여를 유도한다.

♣ 목소리는 타고나는 것이지만 노력에 의해 좋아질 수 있다. 자신의 목소리에 잘 맞는 높낮이와 억양을 선택한다. 듣기에 부드럽고 편안하다는 느낌이 들 때까지 여러모로 연습한다.

♣ 시선은 상대방의 얼굴에 둔다. 주위를 두리번거리거나 대화 중에 창문 등 엉뚱한 곳을 뚫어져라 응시하는 것은 큰 실례가 된다.

♣ 팔짱을 끼거나 다리를 포개지 않는다. 거만하고 몰상식한 사람이라는 평을 들을 수 있다.

♣ 다리 떨기, 머리카락 만지기, 손 비비기, 손톱 깨물기, 몸 흔들기 등 좋지 않은 버릇이 무의식 중에 드러나지 않도록 주의한다.

♣ 너무 심한 사투리, 불명확한 발음은 삼간다. 발음은 훈련에 의해 개선이 가능한 만큼 적절한 속도로 분명하게 말하는 연습을 한다. 소리 내어 책 읽기를 반복하면 도움이 된다.

♣ 속어, 비어, 유행어 사용을 센스와 개방성, 의식의 참신함으로 오해하는 사람들이 있다. 허물없는 친구 사이가 아니라면 품위 있는 언어를 사용하는 것이 좋은 대화법의 제 1원칙이다.

♣ 억양에 신경을 쓴다. 지나치게 높은 톤은 사람을 경박스럽게 보이게 하고 반대로 너무 저조한 억양은 분위기를 무겁게 만든다.

♣ 말 가로채기, 양해 없이 화제를 바꾸는 것은 무례한 행위다.

♣ 상대방의 입장을 고려해 적합한 언어를 구사한다. 바른 경칭,

호칭의 적절한 선택, 상대가 쉽게 이해할 수 있는 용어를 사용하는
것도 예의다.

♣ 첫 대면에서 여성의 나이나 결혼 여부를 묻는 것은 실례다.


### ■■■ 목사님 말씀

유난히 말을 느리게 하는 목사님이 계셨다.
한번은 그 목사님이 후배 목사들에게 박카스 한병을 나눠주고
는 한마디 했다.
"우~리 다~함께!"
그러자 다들 기도하는 줄 알고 눈을 감았다.
그런데 목사님의 계속 이어지는 말씀.
"땁~시~다."


### ■■■ 초보운전자의 경고 멘트!

· 내 그림자 밟지 마세요
· 오빠~ 살살
· 원초적 운전
· 좌우 백미러 전혀 안 봄!
· 미치겠죠? 지는 환장하겠시유!
· 열 받으면 내려서 니가 내 차 운전해!

- 밥 하구 나왔음!
- 지금 밥 하러 감!
- 조폭이 타고 있음!
- R아서 P하슈!
- 이 차에는 어린 운전자가 타고 있음
- 어머! 이 글씨가 보이세요? 그럼 너무 가까이 붙으셨어요!
- 깝죽대는 차 들이박고 면허취소 중
- 절대 초보 아님. 사고 나면 당신의 실수!
- 실력은 초보, 건드리면 람보!

# 04

# 유머는 핑퐁이다

술잔도 주고받아야 술맛이 나는 것처럼 유머도 탁구처럼 공이 오가야 즐겁다. 유머의 즐거움은 쉴 새 없이 서로 주고받는 '핑퐁 효과'에서 나온다. 핑퐁 유머의 진수로 알려진 유명한 농담 하나를 소개하겠다.

홀이라는 천문학자가 있었다. 어느 날 그가 레스토랑에 가서 식사를 했는데 깜빡 잊고 지갑을 가져오지 않았다. 그래서 주인에게 이렇게 말했다.

"식사를 너무 맛있게 해서 제가 답례로 천문학 이야기를 하나 해드리고 싶습니다.”

그러자 주인은 흔쾌히 그의 말에 귀를 기울였다.

“아, 고맙습니다. 들려주시지요.”

그러자 홀은 천연덕스럽게 말했다.

“이 세상에서 벌어지는 일들은 다 2,500만 년을 주기로 해서 똑같이 반복이 됩니다. 다시 말해 2,500만 년이 지나면 지금 벌어진 일들이 다시 돌아오는 거지요. 그러니까 2,500만 년이 지나면 당신과 나는 이 장소에서 다시 만나게 될 겁니다. 그러니 오늘 음식 값은 외상으로 해주시는 게 어떨까요?”

그러자 주인은 빙긋 웃으며 천연덕스럽게 답했다.

“그럼 2,500만 년 전에도 이곳에서 외상을 하셨을 테니 그때 음식 값을 지금 주셔야겠군요.”


이처럼 핑퐁 유머는 분위기를 살리고, 상대에 대한 친밀감과 즐거움을 배가시켜준다. 위와 같은 고단수 유머가 아니더라도 누구나 할 수 있는 핑퐁 유머들이 있다. 다음을 보자.


A: “너 오늘 뭔가 달라 보이는데?”

B: “이발소 가서 머리 잘랐거든. 그런데 너도 그렇네?”

A: “아, 어제 회사에서 잘렸거든.”

B: “그래? 난 오늘 마누라한테 잘렸는데.”

A: “너 요즘 뭐하니?”

B: “작년에 하던 거.”

A: “작년에 뭐했는데?”

B: “놀았지, 뭐.”


이처럼 재치 있는 유머로 자신의 처지를 말한다면 말하는 사람도 듣는 사람도 덜 심각해질 수밖에 없다.

만약 대머리인 사람에게 누군가 “머리가 빛나시네요”라고 짓궂은 농담을 한다면 어떻게 대응하는 게 좋을까? 불쾌감을 노골적으로 표현하거나 제대로 맞받아치지도 못한 채 화를 참고 있어야 할가? 그럴 때는 “그래서 저는 밤 낚시나 밤 등산 같은 야간조에서 인기가 최고입니다”라고 맞받아쳐보자. 그 한 마디면 자신의 인격과 재치를 자연스럽게 드러내면서 다른 사람들까지 기분 좋게 만들 수 있다.

이렇게 유머에는 상상 이상의 힘이 있다. 그 힘을 어떻게 잘 사용하는가는 사실 혀가 아닌 세상을 바라보는 관점에 달려 있다. 세상에 숨겨진 보물을 찾으러 다니는 탐험가처럼 일상의 곳곳에 숨어 있는 유머거리들을 찾다 보면 세상이 달리 보이게 될 것이다.

1. 술에 취해 울며 "나 힘들어..."라고 전화로 고백을 하는 사람이 있다면 그 사람은 당신을 사랑하는 겁니다.

2. 나의 부탁에 항상 "No!"가 아닌 "Yes!"일 때, 그리고 어설픈 말투로 "그러지 뭐!"라고 대답을 한다면 그 사람은 당신을 사랑하는 겁니다.

3. 친하지는 않은데 이상하게도 나와 내 친구가 만나고 동호회든, 어디든 내가 속해 있는 곳에서 자주 눈에 뜨이는 그 사람을 보게 된다면 그 사람은 당신을 사랑하는 겁니다.

4. 자주는 아닙니다. 어쩌다 가끔 전화 받았을 때 "나야... 심심해서 전화했어."라고 짧은 말과 함께 전화를 끊는 사람이 있다면 그 사람은 당신을 사랑하는 겁니다.

5. 아무런 표정 없이 당신을 바라보는 사람이 있다면, 그리고 그의 눈을 보았을 때 딴청을 부린다면 그 사람은 당신을 사랑하는 겁니다.

6. 단 둘이 이야기를 하고 있는데도 단 몇 초만이라도 상대의 눈을 바라보지 못 한다면 그 사람은 당신을 사랑하는 겁니다.

7. 마지막으로 이 글을 보고 '설마~' 라고 생각하는 그 사람이 바로 당신을 사랑하는 사람일 겁니다.

1. 대령이 가장 좋아하는 노래는?  -저 별은 나의 별

2. 도둑이 가장 좋아하는 노래는?-모두 잠든 후에

3. 산부인과 의사들이 가장 좋아하는 노래는?-열애

4. 솔로들이 가장 좋아하는 노래는?-화려한 싱글

5. 양담배 불매운동을 하는 사람이 즐겨 부르는 노래는?  -솔아 솔아 푸르른 솔아

6. 어부가 제일 싫어하는 노래는?  -바다가 육지라면

7. 우산 장수가 가장 좋아하는 노래는?  -가을비 우산 속에

8. 정력이 약한 남성들이 가장 싫어하는 노래는?-아직도 어두운 밤인가 봐

9. 플레이보이들이 즐겨 부르는 노래는?-세상에 뿌려진 사랑만큼

10. 화장품 가게 주인이 싫어하는 노래는?-거울도 안 보는 여자

# 05

# 유머는 명함이다

사람은 누군가를 만나면 자신의 의도와 상관없이 어떤 인상을 남겨두게 된다. 보통 사람의 인상은 처음 본 순간 2초 내에 결정되는 첫인상으로 좌우된다. 그 때문에 사람들은 첫 만남, 첫 모임 때 더 옷차림에 신경을 쓴다. '즐겁고 유쾌한 사람', '자신감 있는 사람', '재미있는 사람', '만나면 기분 좋아지는 사람' 같은 좋은 인상을 남기고 싶어서다. 그러나 잘 차려입은 외모만으로는 좋은 인상을 줄 수 없다. 외모는 인상을 결정하는 요소 중 한 부분에 불과하기 때문이다.

믿기지 않는다면, 내가 아는 누군가를 떠올려보자. 먼저 얼굴부터 기억나겠지만, 그 외에 그 사람의 분위기나 특유의 표정, 그 사람이

한 말들도 함께 떠오를 것이다. 그리고 이 모두가 종합적으로 도아져 그 사람에 대한 인상이 결정될 것이다. 특히 대화 중에 그가 했던 '말'은 인상이 결정되는 데 큰 영향을 미친다.

이민규 심리학 박사는 〈끌리는 사람은 1%가 다르다〉에서 첫인상은 쉽게 변하지 않는다고 말한다. 이는 초기 정보가 그 뒤에 얻은 정보보다 훨씬 크게 작용하는 초두 효과 때문이다. 그래서 첫인상이 나쁘면 그 후에 아무리 좋은 정보를 얻어도 웬만해서는 그 판단을 바꾸지 않는다고 한다. 그런데, 반면 첫인상은 아주 좋았지만 그 후에 부정적인 정보를 얻게 되면 처음 판단을 쉽게 바꿀 수 있다고 한다. 예를 들어 청순한 차림의 예쁜 여자를 보고 좋은 첫인상을 받았는데, 그녀가 욕설을 하는 걸 보게 되면 처음 판단을 쉽게 바꿀 수 있는 것이다.

이는 다른 정보 없이 외모만 보고 좋은 인상을 받더라도 대화 몇 번에 실수를 하면 처음 받은 좋은 점수를 얼마든지 까먹을 수 있다는 뜻이다.

### ■■■ 웃지 않고는 못 배기는 트위터 유머

소개받은 여자한테 "너 심심해?"라고 물어보려는데 "너 싱싱해?"

-) 야! 생선이냐?.

친구한테 보낸다는 걸 잘못해서 택배 아저씨한테 "오늘 울집 오면 야동보여줌ㅋ"
-) 결국 택배 아저씨 왔을 때 집에 없는 척했음.(근데 계속 문 두들김. -_-)

친구한테 여자를 소개시켜주고 저는 빠지면서 "저녁 잘먹어‥ ㅋㅋ"라고 문자를 보내야 하는데 그만…… "저년 잘먹어‥ㅋ ㅋ"라고.
-) 친구야, 오해야!

여자 친구한테 생일선물 받은 걸 보답하기 위해 생일을 물어봤습니다. "너 생ㅇ리 언제야?"
-) 비록 오타였지만 좋은 정보다.

오늘 여자 친구한테 선물을 사줬더니 "고마워 자기야. 사망해~♡"
-) 맘에 안 들었나 봐요. ㅜ.ㅜ 끼약.

친구가 'ㅇㄷ?' (어디?)라고 보냈기에 버스 안이어서 'ㅂㅅ'이라고 보냈더니…….
-)……버……섯…… 으아…!

고등학교 졸업식 전에 정장을 하나 사려는데 어디서 사야 될지
몰라서 여자친구에게 문자로 '남자 정장 어디 파는데?' 라고
물어본다는 게 그만 '남자 정자 어디 파는데?' 로 보냈던. --;;;
-〉 '내 수업 중이다. 문자 나중에 할게'를 앞뒤 바꿔서 '내 문
자 중이다. 수업 나중에 할게.' 로

## 외모보다 말솜씨가 중요하다

어느 날 A양은 맞선 자리에 나온 남자의 외모에 홀딱 반해버렸다.
잘생긴 얼굴에 키까지 큰 그를 흐뭇한 눈으로 바라보면서 A양은 가
음속으로 신에게 감사의 기도를 올렸다. 이번에는 정말 잘 돼서 올
해가 가기 전에 꼭 면사포를 써야겠다는 꿈의 날개를 훨훨 펼쳤다.

그런데 밥을 먹고 차를 마시면서 점점 고개가 갸우뚱해졌다. 그는
두 시간 내내 자기 이야기만 늘어놓았다. A양은 점점 지루해지기 시
작했다. 그 잘생긴 얼굴도 자꾸 못나게 보이고 신에게 올린 감사의
기도도 취소해버렸다. 겉으로는 억지로 웃었지만, 속으로는 어서
집에 가고 싶은 마음뿐이었다. 그날 집으로 돌아온 A양은 극심한 피
로를 느꼈다. 그런데 그날 밤 맞선 상대로부터 다시 만나고 싶다는
애프터 전화를 받았다.

"오늘 대화 정말 즐거웠습니다. 다음 주에 뵐 수 있을까요?"

A양은 그 남자의 애프터 신청을 단호하게 거절했다.

만약 맞선남이 자신의 얘기를 늘어놓기보다는 A양에게 질문을 많이 해서 그녀가 입을 열 기회를 주었더라면 결과는 달라졌을 것이다. 아무리 말의 연금술사라고 불리는 달변가도 혼자서 두 시간 이상 자기 얘기만 떠벌리면 돌 맞기 쉽다. 하물며 그 맞선남은 유머감각 제로에 가까운 '심각남' 이었다.

## 멘토의 조언 – 여자의 마음을 사로잡는 10가지 작업 멘트

영국 스코틀랜드의 체임버스 하라프 출판사가 남성이 여성을 유혹할 때 유용한 10가지 말을 선정한 적이 있었다. 이 출판사의 애너 스티븐슨 대변인은 "영국 출신 '로미오' 들이 이상적인 여성을 만났을 때 유용한 것은 물론, 영국 여성들이 외국 '작업남' 들로부터의 공세에 대비하는데 도움이 될 것" 이라고 설명했다.

△ 아버님이 도둑이셨나요? 하늘에서 별을 훔쳐다가 당신의 두 눈에 넣으신 것 같아요.

△ 천국에서 떨어질 때 아프지 않던가요?

△ 피곤하시겠어요. 하루 종일 내 맘속을 맴도느라.

△ 어젯밤 내내 제 꿈속을 돌아다니느라 다리 아프지 않던가요?

△ 지도 있으신가요? 당신의 눈 속에서 길을 잃었어요.

△ 당신이 눈으로 말하지 않은 것은 당신의 이름뿐이네요.

△ 죄송합니다만, 제 전화번호를 잊은 것 같아서요.

　전화번호 좀 빌려주시겠어요.

△ 첫눈에 반한다는 말을 믿으시나요. 아니면 제가 다시 한 번 걸어올까요.

△ 실례합니다만, 처음 본 사람에게 키스하시나요. 아니라고요.

　그럼 제 소개를 하겠습니다.

△ 경찰서로 갑시다. 당신에게 구속당했어요.


## ■■■ 밥이 나오기 전에 하는 유머 퀴즈!


만 원짜리 지폐를 10원짜리 동전 몇 개로 가릴 수 있을까?

수십 개의 하얀 돌 사이에 숨어있는 빨간 괴물은 누구입니까?

늙을수록 젊어지는 것은 무엇일까요?

물에 살면서 물에 다시 들어가면 죽는 것은?

개구리는 양서류, 고래는 포유류에 속한다. 그럼 오징어는?

새우가 주인공으로 열연했던 드라마는?

이 귀는 걸어 다닐 수 있습니다. 이 귀의 이름은 무엇일까요?


정답 : 2개(눈을 가린다) / 혀 / 사진 / 소금 / 안주류 / 대하드라마 / 당나귀

# 06

# 유머는 인생을 바꾸는 행복한 연습이다

## 스티브 잡스와 빌 게이츠의 창조의 비밀

사실 애플의 스티브 잡스와 마이크로소프트의 빌 게이츠는 새로운 뭔가를 발명한 것이 아니다. 그들은 아이디어를 훔쳤을 뿐이다. 밖으로 나가 끊임없이 뭔가를 찾고(Search), 최선의 것이 발견되면 가져와서 조합(Combine)했을 뿐이다. 그것이 그들이 한 창조다.

유머도 훔쳐야 된다. 주변에서 TV에서 책에도 인터넷에도 훔칠 게 무궁무진하다. 유머를 훔치고 나면 당신은 유머의 창조자가 될 것이다. 그런데 훌륭한 유머리스트들이 가장 많은 유머의 소재를 얻는 곳은 바로 우리들의 평범한 일상이다. 유머의 본질이 거창한 것이 아니듯이, 유머도 일상에서 시작되는 진솔한 유머가 기본이다.

호기심과 관심을 가지고 주변을 살펴보면 무궁무진한 유머 소재들을 찾아낼 수 있다. 호기심과 창의적 발상, 이것이 바로 유머리스트들의 아이디어 창고다.

### ■■■ 태양은 싫어!를 힘차게 부르는 비에 대한 유머

'나는 가수 비다' 를 두 글자로 하면? 나~비

가수 비의 보디가드는? 비만경계

가수 비의 매니저는? 비만관리

엘리베이터 사고에서 비만 빠져나왔다면? 비만탈출

비를 누른 가수는? 클릭비

어릴 때 가수 비는? 아이비

비를 모르는 사람에게는? 너비아니

비와 내가 목장에서 소를 세면? 비앤나 소세지

비가 오면? 우산 펴라!! ㅋㅋ

## 유머 안테나를 높이 세워라

좋은 소재를 발굴했다면 어떻게 유머로 만들어낼지 포인트를 잡는 게 중요하다. 그 포인트를 잡으려면 유머 안테나가 모든 방향으로 계속 움직여야 한다. 눈으로 보고 귀로 듣는 모든 것이 유머의 소재가 될 수 있기 때문이다. 그렇다고 마구잡이로 아무 데나 안테나를 들이댄다고 좋은 소재를 얻는 건 아니다. 수맥이 흐르는 곳에 곡괭이질을 해야 물이 나오듯 양질의 유머 소재들을 얻을 수 있는 좋은 보물창고들이 있다.

제일 좋은 보물창고는 뭐니 뭐니 해도 최신 뉴스와 깊이 있는 해설이 담겨 있는 신문과 잡지다. 그래서 개그맨들 중에 많은 수가 여러 종류의 신문과 잡지를 구독해서 꼼꼼하게 읽고 인터넷의 여론 흐름을 파악하기 위해 애쓴다. 특히 개그맨이자 MC로 활약 중인 김제동 씨는 엄청난 독서량과 풍부한 시사상식으로 유명한데, 그의 경우 인터넷에 '김제동 어록'이 떠돌 정도로 재미를 넘어 감동과 깨달음을 준다. 또한 「갈갈이 삼형제」로 폭발적인 인기를 얻은 김준형 씨도 매일 아침마다 여섯 종류의 신문을 꼼꼼히 읽는 것으로 유명했다. 나 역시 새벽 6시 반부터 신문 7개를 읽고 중요한 것은 스크랩을 한다.

이처럼 코미디언들이 세상과 현실에 이렇게 관심을 가지는 것은 이런 바탕이 있어야 삶과 밀착된 유머 소재들을 뽑아낼 수 있기 때문이다. 대중을 웃겨야 하는 그들의 개그가 만일 대중들의 평범한 삶과 희로애락과 동떨어져 있다면 결코 공감을 얻을 수 없는 것이다.

두 번째는 자신의 지나온 인생행로다. 유머는 풍부한 인생 경험이 많을수록 더 풍부해진다. 인생의 쓴맛 단맛을 다 봐야 다양한 시각에서 유머를 만들어낼 수 있기 때문이다. 또한 유머를 구사하려면 인생과 사람에 대한 애정은 물론, 자신의 삶도 사랑해야 한다. 이런 긍정적인 마음과 따뜻한 시선이 있어야 사람들을 진심으로 웃길 수 있다. 차갑고 냉소적인 심장을 가진 사람의 유머는 아무리 재치가 넘쳐도 마음 놓고 웃기가 힘들다. 따라서 좋은 경험이든 나쁜 기억이든 그 안에서 유머의 소재들을 찾아낸다면 분명 감동이 있는 유머를 구사할 수 있을 것이다.

### ■ ■ ■ 화장실과 관련된 사자성어

신문지를 쓸 때도 국산신문 놔두고 꼭 영자신문으로 처리하는 사람 -국위선양-

농사짓는 데 거름으로 쓰겠다고 농부가 와서 손수 퍼갈 때 -상부상조-

아침에 먹은 상추가 그걸로 키운 걸 알았을 때 -기절초풍-

힘쓰기도 전에 와장창 쏟아낸다면? -전의상실-

한 시간 동안 용만 쓰다가 손톱만 한 거 달랑 나왔을 때 -지리멸렬-

분명히 떨어뜨렸는데 나중에 사라졌을 때 -오리무중-

들고 있던 화장지 통에 빠졌을 때 외치는 한마디? -오호통재-

거창하게 시작했지만 끝이 영 찜찜할 때 -용두사미-

옆칸에 앉은 사람도 변비로 고생하는 소리 들릴 때 -동병상련-

어정쩡한 자세로 쭈그리고 앉은 모습? -어쭈구리(?)-

문고리는 고장 났고, 잡고 있자니 앉은 자리는 너무 멀고….

 -진퇴양난-

다 싸고 돌아다니다가 1시간 후 지갑 두고 나온걸 알았을 때 -오
마이갓(?)-

옆 칸 사람이 지 혼잔 줄 알고 중얼거리다가, 노래하다가, 별짓
다 한다면? -점입가경-

신사용이 없어 숙녀용 빈칸에 몰래 숨어서 일 본 후 빠져 나올 때

 -스릴만점(?)-

작은 거 보려는데 큰 게 항상 먼저 나온다. -장유유서-

더 나올게 없을 때까진 힘닿는 데까지 짜내고 또 짜낸다.

 -다짜고짜-

옆 칸 사람이 바지 올리다 흘린 동전이 내 칸으로 굴러왔다.

 -넝쿨호박(?)-

그거 주우려고 허리 숙이다가 담뱃갑이 통째 빠져버렸네.

 -소탐대실-

그런데 그 놈이 밖에서 기다리고 있다가 아까 굴러들어간 동전
달란다. -치사빤스-

부부싸움을 하고 각각 딴 방에서 자게 되었다. 그런데 남편은 내일 아침 중요한 회의가 있어 아침 5시에 일어나야 했다. 평소 습관으로 도저히 일어날 자신이 없었다. 그렇다고 말로 부탁하기에는 자존심이 허락지 않았다.

며칠은 지나가야 말을 할 만큼 심하게 싸웠기 때문에 남편은 아내의 눈에 잘 띄는 곳에 "내일 중요한 회의가 있음. 아침 5시에 반드시 꼭 깨울것!!!" 이라고 메모를 남겨 놓았다.

다음날 아침 남편이 일어나 보니 아침 6시! 이걸 어쩌나! 남편이 너무 화가 나서 부인에게 달려가 소리를 지르려 할 때, 부인의 방문 앞에 걸린 메모 한 장.

"새벽 5시임. 일어나기 바람."

# 07

# 가까운 사람부터 웃길 줄 알아야 한다

당신이 아주 뛰어난 창의적 유머리스트가 된다면 가장 먼저, 가장 많이 웃기고 싶은 사람은 누구인가? 대부분이 가족이나 애인, 친구, 직장 동료라고 말할 것이다. 어떤 사람이 미국 대통령을 웃기고 싶다고 해서 그에게 일단 영어부터 확실하게 공부하라고 돌려보낸 적이 있다.

## 많은 시간을 보내는 곳에 유머의 씨앗을 심어라

무대에 올라가서 유머를 선보여야 하는 개그맨들과는 달리 일상인의 유머는 자신이 오래 시간을 보내는 곳에서 꽃 피울 때 진정한 가치가 있다. 항상 얼굴을 마주하는 가족과 친구, 직장 동료들처럼 매일 만나는 사람부터 웃길 줄 아는 사람이 진정한 유머리스트인 것이다.

유머는 배우는 목적도 제각각이다. 가족 간의 소통을 위해서, 비즈니스를 위해서, 또는 전문적인 유머 강사가 될 목적으로 배우기도 한다. 이처럼 이유는 제각각이지만 이들에게는 한 가지 공통점이 있다. 자신이 가장 오래 머무르는 공간과 많은 시간을 보내야 하는 사람들에게 유머를 활용하고 싶어 한다는 것이다.

언젠가 개그맨 전유성 씨가 쇼 프로그램에 나왔는데 의외의 이야기를 했다. 직업 코미디언인 그는 인생의 많은 시간을 무대 위에서 보냈고 많은 사람들에게 웃음을 주었다. 그래서 사람들은 그의 주변 사람들도 전유성 씨 덕분에 굉장히 즐거웠을 것이라고 믿었다. 하지만 뜻밖에도 전유성 씨는 가정이나 사석에선 말이 별로 없는 무뚝뚝한 사람이라고 했다. 그런데 이런 점은 전유성 씨뿐만이 아니라 다른 코미디언들도 비슷하다. 말을 많이 해야 하고 누군가를 웃겨야 한다는 부담감 때문에 개그맨들 중에 많은 수가 말이 별로 없고 조용한 편이다. 무대를 위해 에너지를 다 쏟아버려서 집에서는 웃길 에너지가 없다는 것이다.

평범한 사람들에게 유머는 인생의 양념이겠지만, 무대 위에서 각 잡고 웃겨야 하는 사람들에게 유머는 생사가 걸린 문제다. 나도 개그맨 생활을 오래 해왔기 때문에 그런 심정을 이해한다. 하지만 이런 이야기를 들을 때마다 아쉬움을 지울 수가 없다. 대중들에겐 많은 웃음을 주는 코미디언들이 정작 자신의 소중한 사람들을 위해서는 왜 자신의 재능과 유머 실력을 발휘하지 못하는지 안타까울 뿐이다. 기억하자, 가유만사성! 가정에서부터 유머가 풍부해지면 모든 것을 이룰 수 있다.

### ■■■ 어린이가 출제하고 어른이 대답하는 낱말 퀴즈

큰 건 엄마가 갖고 작은 건 내가 가져요-세뱃돈

이 사람이 가고 나면 막 혼나요- 손님

이걸 하려면 아는 사람이 있어야 돼요 -새치기

엄마랑 목욕하면 이걸 꼭 해야 돼요 -만세

아빠가 출장을 가도 계속 남아있는 거예요-걱정

아빠가 제일 크고 그 다음이 나, 엄마가 제일 작아요-방귀

엄마는 자기 걸 안 쓰고 내 걸 많이 써요-이름

맨날 맛있다고 하고 맛없다는 사람은 아무도 없어요-광고

### ■■■ 셀프

어느 날 수업시간에 선생님이 학생들에게 말했다.

"공기는 영어로 에어(air), 눈은 스노우(snow), 바람은 윈드(wind)입니다. 그럼 물은 뭘까요?"

그러자 한 학생이 말했다.

"네! 물은 셀프(self)입니다."

## 어머니! 유머 한 그릇 드시죠!

예전에 유머 강의를 할 때, 밤마다 늙으신 어머니를 웃겨드리기 위해서 유머 강습을 듣는다는 중년신사가 있었다. 그 아버지는 능담 한 마디 할 줄 모르는 무뚝뚝한 분이었다. 그래서 그는 하나밖에 없는 외아들인데도 아버지 무릎에 앉아보거나 응석을 부려본 적이 없었다고 한다. 그런 엄한 집안에서 자란 이가 아내의 말을 듣고 유머를 배우러 왔다.

"어느 날, 우리 집사람이 어머니가 참 힘드셨겠다고 하는 거예요. 내가 재미없는 건 아버지를 닮아서 그럴 텐데, 어머니는 재미없는 남편과 재미없는 아들 속에서 무슨 재미로 사셨겠냐며 불쌍하다고 하더군요."

그 말을 듣고 자신도 아버지처럼 재미없는 사람이 되었구나 하는 생각이 든 그는 진짜로 어머니의 삶을 돌이켜보게 되었다. 그리고 재미없는 아버지와 재미없는 아들 사이에서 고생만 하셨던 어머니에게 뒤늦은 효도를 하기 위해 재미있는 사람이 되기로 결심했고, 어머니를 웃겨드릴 목적으로 유머 강습을 듣기 시작했다.

"어머니가 웃는 걸 보면 기분이 너무 좋아요. 최고의 장수비결이 웃음이라고 하잖아요. 한번 웃을 때마다 10분씩 수명이 연장된다는 군요. 어제는 여섯 번 웃게 해드렸으니 한 시간을 벌었습니다.”

아마 아들의 유머 덕에 그의 어머니는 분명 더 건강해지시고 장수하실 것이 분명하다. 그런데 그의 유머 덕을 본 사람은 그의 어머니뿐만이 아니었다. 어머니를 위해 수많은 유머를 노트에 적고 그것을 외우고 연습하다 보니, 그 자신도 모르게 남을 웃기는 습관이 생긴 것이다. 그리고 얼마 안 가 그는 ‘재미없고 무뚝뚝한 사람’에서 ‘만나면 항상 즐거운 사람’으로 백팔십도로 변해버렸다.

혹시 유머리스트가 되어야 할 특별한 이유를 찾지 못해서 주저하는 사람이 있다면, 그 이유를 다른 데서 찾을 필요 없다고 말하고 싶다. 내가 가장 사랑하는 사람을 웃게 해주고 싶다는 마음, 그것이 유머를 배우는 가장 큰 이유다. 유머는 거창한 이유나 명분이 필요한 게 아니다. 소중한 사람과 웃음을 나누며 마음으로 소통하고 싶다는 마음이야말로 가장 중요하고 아름다운 명분이다.

### ■■■ 최고의 결혼식을 만드는 방법

신랑 신부가 입장을 마치고 나서,
“제가 본 신랑 중에 가장 미남 신랑 같습니다. 제 말에 동의를 하시면 신부 측 하객께서는 박수로 표시해 주시겠습니까?”
사회자가 이렇게 말하면 힘찬 박수가 나왔다. 그리고 이번엔

"제가 본 신부 중에 가장 아름다운 신부가 아닌가 합니다. 신랑
측 하객 여러분 중에 저의 생각에 동의 하시는 분은 박수와 함
성으로 표해 주시지 않겠습니까?"
그 순간부터 하객들은 신랑 신부에게 집중하게 된다.


### ■■■ 가장 짧은 최고의 주례사

고 배삼룡 씨가 후배 개그맨 주례사를 했다.
"종철아, 내가 뭘 말하려는지 알지?"
"네!"
"그럼 그렇게 잘 살아. 주례 끝!"


### ■■■ 맹랑한 아들

초등학교 3학년짜리 아들을 둔 아버지가 있었다. 그 아버지는
아들이 매번 시험 점수를 50점을 못 넘기자 아들에게 말했다.
"다음번 시험에서 80점 이상 받아오면, 상으로 용돈 5만 원
을 주마."
한 달 뒤 아들이 아버지에게 말했다.
"아빠. 좋은 소식이 있어요!"

“뭔데?”

“지난번에 시험에서 80점 이상 받으면 용돈 5만 원 주시기로 하셨잖아요? 그 돈 아빠가 쓰세요!”

# 인생은 가까이서 보면
# 비극이지만 멀리서 보면 희극이다!

얼마 전에 어느 여당 정치인에 대한 패러디가 인터넷을 휩쓸었다. 보온병을 소재로 기발한 시와 창의적인 사진들이 수많은 네티즌들에게 즐거움을 선사했다. 그러나 안타깝게도 그 즐거움은 마음이 훤해지는 순수한 기쁨이 아니라 끓어오르는 분노와 비난을 웃음으로 대체한 것이었다. 우리나라의 멋진 네티즌들은 험악한 얼굴과 욕설 대신 유머와 재치로 지금의 잘못된 현실에 대한 분노를 표시했다. 그리고 많은 사람들이 재치 있는 댓글로 화답했다. 요즘 같이 힘든 상황에 국민들이 화병으로 쓰러지지 않는 것은 우리 네티즌들의 유머감각 덕분일 것이다. '인생이 엄숙하면 할수록 웃음이 필요하다'는 빅토르 위고의 말을 요즘 우리나라 상황을 보면서 더 크게 절감

한다.

마음을 다스린다는 건 마음의 동요를 막는 것이 아니라고 한다. 그것에 휩쓸리지 않도록 마음의 중심을 잡는 일이다. 화가 나면 왜 화가 났는지, 슬프면 왜 슬픈지 이유를 들여다보고, 자신의 감정을 잘 풀 수 있는 방법을 찾는 게 '마음 다스리기'라고 한다. 꼭지가 돌 정도로 화가 나는데 언제 화난 이유를 들여다 보냐고? 그렇다고 마냥 화만 내는 게 현명한 일일까? 짜증나는 대로 짜증을 부리는 게 정당한 것일까?

분노나 불안 같은 부정적인 감정을 느끼는 순간, 그것이 바로 위기다. 교통사고가 나고, 눈앞에서 싸움이 벌어지는 것 같은 물리적인 사건만 위기는 아닌 것이다. 때문에 나는 이런 순간이 닥칠 때 일부러 더 웃는다. 더 재미있는 유머를 찾아보고 사람들을 웃기려고 노력한다. 그러면 마음속에 일던 분노의 폭풍이 잠잠해지고, 분노의 안개가 사라져버린다. 그리고 잔잔해진 마음으로 동요를 일으킨 원인을 바라볼 수 있게 된다.

유머는 즐겁고 행복한 때 필요한 것이 아니다. 진짜로 유머가 필요한 때는 슬프고, 화나고 고독할 때다. 그래서 찰리 채플린은 이런 말을 했는지도 모른다.

"인생은 가까이서 보면 비극이지만 멀리서 보면 희극이다."

창의성 유머는 미래입니다.
특강을 원하시는 기업체, 정부단체, 지자체 등
모두에게 달려가겠습니다.
연락주세요.

**[특강 프로그램]**

1. 창의성 유머 활용 능력
2. 유머와 웰빙
3. 자녀교육
4. 유머와 FUN경영
5. 성공인의 유머 스킬

**[특강 호응도]**

참 재미있어요 _개그맨 김병조
유쾌, 통쾌, 상쾌해요 _MBC라디오 진행자 강석 · 김혜영
정보가 많아요 _개그맨 박명수
많이 배워요 _ 개그맨 이경규
무대에서 가장 재미있어요 _ 가수 송대관

**[강의 문의]**

**인생은 웃을 준비가 된 자에게만 성공으로 다가온다!**
**이 시대의 유머 일인자! 김종석 박사가 전하는 창의성 유머 감동 솔루션!**

특강을 원하신다면
**지금 전화하세요**  **0505-627-9784**

창의성 유머

**1판 2쇄** 발행 | 2011년 03월 10일

**지은이** | 김종석
**발행인** | 이용길
**발행처** | 모아북스 MOABOOKS

**관리** | 정윤
**디자인** | 이룸

**출판등록번호** | 제 10-1857호
**등록일자** | 1999. 11. 15
**등록된 곳** | 경기도 고양시 일산구 백석동 1332-1 레이크하임 404호
**대표 전화** | 0505-627-9784
**팩스** | 031-902-5236
**홈페이지** | http://www.moabooks.com
**이메일** | moabooks@hanmail.net
**ISBN** | 978-89-90539-87-8   03320

· 좋은 책은 좋은 독자가 만듭니다.
· 본 도서의 구성, 표현안을 오디오 및 영상물로 제작, 배포할 수 없습니다.
· 독자 여러분의 의견에 항상 귀를 기울이고 있습니다.
· 저자와의 협의 하에 인지를 붙이지 않습니다.
· 잘못 만들어진 책은 구입하신 서점이나 본사로 연락하시면 교환해 드립니다.

모아북스 MOABOOKS 는 독자 여러분의 다양한 원고를 기다리고 있습니다.
(보내실 곳 : moabooks@hanmail.net)